国家出版基金项目
NATIONAL PUBLICATION FOUNDATION

GZC 高校主题出版
GAOXIAO ZHUTI CHUBAN

"一带一路"系列丛书

"一带一路"国别概览

泰国

李向阳　总主编

周喜梅　姚婕　编著　　管木　审定

大连海事大学出版社

Ⓒ 周喜梅　姚婕　2019

图书在版编目(CIP)数据

泰国 / 周喜梅, 姚婕编著. — 大连：大连海事大
学出版社, 2019.11

("一带一路"国别概览 / 李向阳总主编)
国家出版基金项目
ISBN 978-7-5632-3861-3

Ⅰ.①泰… Ⅱ.①周… ②姚… Ⅲ.①泰国—概况
Ⅳ.①K933.6

中国版本图书馆CIP数据核字(2019)第222787号

大连海事大学出版社出版

地址：大连市凌海路1号　邮编：116026　电话：0411-84728394　传真：0411-84727996

http://www.dmupress.com　E-mail:cbs@dmupress.com

大连海大印刷有限公司印装　　　　　　　　　　　大连海事大学出版社发行

2019年11月第1版　　　　　　　　　　　　　2019年11月第1次印刷
幅面尺寸：155 mm×235 mm　　　　　　　　　　　　印数：1～3000册
印张：11　　　　　　　　　　　　　　　　　　　　字数：167千

出 版 人：余锡荣　　　　　　　　　　　　　项目策划：徐华东
责任编辑：高　颖　　　　　　　　　　　　　责任校对：席香吉　张　慧
　　　　　　　　装帧设计：孟　冀　解瑶瑶　张爱妮

ISBN 978-7-5632-3861-3　　　　　　　　　　　　　　定价：55.00元

"一带一路"国别概览

丛书编委会

▶ 主　任　李向阳

▶ 副主任　徐华东　李绍先　郑清典　李英健

▶ 委　员　李珍刚　姜振军　张淑兰
　　　　　　尚宇红　黄民兴　唐志超
　　　　　　滕成达　林晓阳　杨　淼

总序

　　2013年秋，国家主席习近平在哈萨克斯坦和印度尼西亚出访期间，先后提出共建"丝绸之路经济带"和"21世纪海上丝绸之路"的倡议，倡导共商、共建、共享理念，得到国际社会广泛关注和积极响应。"一带一路"倡议旨在积极发展与沿线国家的经济合作伙伴关系，共同打造政治互信、经济融合、文化包容的利益共同体、命运共同体和责任共同体。

　　"一带一路"倡议源自中国，更属于世界，它面向全球、陆海兼具、目的明确、路径清晰、参与方众、反响热烈。五年间，"一带一路"倡议从理念转化为行动，从愿景转变为现实，在顶层设计、政策沟通、设施联通、贸易畅通、资金融通、民心相通等方面都取得了显著的成果，为实现世界共同发展繁荣注入推动力量、增添不竭动力。目前，我国已与100多个国家和国际组织签署了共建"一带一路"合作文件。共建"一带一路"倡议及其核心理念被纳入联合国、二十国集团、亚太经合组织、上合组织等重要国际组织成果文件。

　　"一带一路"沿线国家地理地貌、风俗人情、经济发展、投资环境各不相同，极有必要对其进行系统的介绍和分析。此外，目前针对"一带一路"沿线国家的研究仍不够深入，缺少系统、整体的研究资料。大连海事大学出版社组织策划的"'一带一路'国别概览"丛书（首批65卷）适逢"一带一路"倡议提出五年后下一个阶段深入推进的需要之时，也填补了国内系统地介绍"一带一路"沿线国家国情的学术专著的空白，获得了国家出版基金项目资助，并入选教育部全国高校出版社主题出版选题。

　　"'一带一路'国别概览"丛书（首批65卷）联合中国社会科学院、北京大学、山东大学、宁夏大学、广西民族大学、上海对外经贸大学、黑龙江大学等多家高校及研究机构编写，并组织驻"一带一路"沿线65个国家的前大使对相关书稿进行审定。本套丛书不仅涵盖了各国地理、简史、政治、军事、文化、社会、外交、经济等方面的内容，突出了各国与丝绸之路或海上丝绸之路的历史渊源，力争为读者提供全景式的国情介绍，还从"一带一路"政策出发，引用实际案例详细阐述了中国与各国贸易情况及各国的投资环境，旨在为"一带一路"的推进提供强大的智力支持，加快科技成果转化，促进合作人才培养，帮助我国"走出去"的企业有效地防控风险，从而全方位地助推"一带一路"建设。

"'一带一路'国别概览"丛书（首批65卷）的顺利出版得益于大连海事大学出版社的精心策划和组织，也凝聚着百余位相关领域专家学者的心血，在此深表感谢。

国家主席习近平曾深情地说："'一带一路'建设承载着我们对美好生活的向往，将把每个国家、每个百姓的梦想凝结为共同愿望，让理想变为现实，让人民幸福安康。"我们也希望本套丛书可以为"一带一路"建设架起一座沟通的桥梁，推动"一带一路"倡议在沿线国家向更深远和平稳的方向发展。

"'一带一路'国别概览"丛书编委会

2018年6月

前言

2013 年 9 月，习近平主席出访哈萨克斯坦，在纳扎尔巴耶夫大学提出共同建设"丝绸之路经济带"；同年 10 月，习近平主席在印度尼西亚提出共同建设"21 世纪海上丝绸之路"。2015 年 4 月，中华人民共和国国家发展和改革委员会、中华人民共和国外交部和中华人民共和国商务部联合发布了《推动共建"丝绸之路经济带"和"21 世纪海上丝绸之路"的愿景与行动》，宣告了"一带一路"建设全面进入推进阶段。为了向读者介绍"一带一路"沿线国家，增进中泰两国人民的相互了解，编者着手编写了《"一带一路"国别概览》系列丛书之《泰国》。编写本书的目的一方面在于向广大读者展示泰国的舆地政情和异域风俗，另一方面在于为我国"一带一路"的建设提供可靠的资料。

中国与泰国地理相近、人文相亲，中泰友谊源远流长。中泰两国是好邻居、好伙伴、好朋友。自 1975 年建交以来，中泰两国始终互相信任，友好往来。泰国地处中南半岛的核心地带，是"一带一路"的重要节点与交通枢纽。中泰两国毗邻而居，血脉相通，共建"一带一路"、深化务实合作、携手共建中泰命运共同体，是促进两国关系好上加好、锦上添花的重要之举。而随着中国"一带一路"倡议和泰国"东部经济走廊"建设的战略对接，强劲的发展动力创造了源源不断的机遇，两国命运紧密相连。中泰构建的互联互通的伙伴关系，正在促进两国的共同繁荣。

本书分上、下两篇：上篇为基本国情，主要描述泰国的国家概况，包括地理、简史、政治、军事、文化、社会、外交、经济八大主题；下篇包括泰国经济体制变革、对外贸易、中泰经济贸易、中泰贸易发展的重要门户——工业园区、中泰经济贸易发展中的中泰企业。希望读者通过本书能够进一步了解丰富多彩的泰国文化、发掘近年来中泰两国经济发展领域的焦点，从而拓展中泰两国交流互鉴的更多途径。

在本书的编写过程中，编者引用和借鉴了许多国内外专家、学者的论述，在此向相关专家、学者表示感谢。

本书力求资料翔实、可靠，但由于其内容涉及政治、法律、文化、社会学等多学科的内容，在编写过程中难免有遗漏或不当之处，恳请各位读者批评指正。

编　者
2019年6月

目录

● **下篇**

上篇

第一章　地理

泰国自然资源丰富，河流湖泊众多，土壤肥沃，为农业的发展提供了良好的基础，同时也为绚丽的泰国文化奠定了扎实的物质储备。充满魅力的自然景观和良好的自然生态资源，使泰国成为极负盛名的旅游名国。

第一节　地理位置

泰国，全称泰王国。泰国位于亚洲东南亚地区中南半岛中部，与柬埔寨、老挝、缅甸、马来西亚接壤，东南临泰国湾（太平洋），西南濒安达曼海（印度洋）。其国土面积51.3万平方千米；边境线总长7 941千米，其中陆地边境线长5 326千米，海岸边境线长2 615千米。

第二节　气候

一、气温

泰国地处热带地区，全国大部分地区属于热带季风性气候，全年高温，温差小。除个别山区外，年平均气温维持在28 ℃左右。全年分为三个季度，即热季、雨季和凉季。3—5月为热季，受赤道海洋气团的影响，多对流雨，热带气旋带来的热雨迅猛而快速，天气炎热干燥，平均气温可达32~38 ℃。6—10月为雨季，受西南季风汇入塔尔低压的影响，全国普遍多雨，该季节集中了全年85%的降雨量，平均气温在19 ~ 26 ℃。11月至次年2月为泰国的凉季，此时陆地高压散发出来的东北季风汇入海洋上的赤道辐合带，全国较为凉爽干燥，平均气温在19 ~ 26 ℃。

由于地理位置和地形的差异，泰国各地间的气温也存在一定的差异。

北部地区地形多为山地，总体气温相对于其他地区较低，部分山区最低温度可达0 ℃。中部平原三面环山（北、东、西），面朝泰国湾，热、凉两季温差总体较小，但偏向内陆地区，温差较大。东部、南部近海，热、凉两季温差总体也较小。西部地区地处内陆，温差较大。

🌸 二、降水量

泰国的降水量十分丰富，全国大部分地区年降水量可达1 200 ~ 1 600毫米。而因为地形和季节的差异，泰国全年的降水量在各地也有不同。在凉季时，泰国气候凉爽且干燥少雨。进入热季后，雨水时常伴随着狂风和雷电一同到来。至每年雨季来临时，泰国降水量迅猛上升，8—9月为全年雨水最为丰富的时期。降水最多的地区位于山脉山前地区或东部地区的西面雷雨区。例如，地处泰国湾沿岸上的达叻府的空艾县，年降水量最多可达4 000毫米。降水稀少的地区通常位于山后，例如在北部与中部的腹地中心地带，以及东北部的西面。除热季外，南部降水几乎贯穿全年。雨季时，西部沿海降水充分，西南沿岸的降水量甚至高于东部沿海地区，最大雨量常常出现在9月。而在凉季时，东部降水充沛，东北部沿岸的降水量则高于西部沿岸。南部降水最多的区域位于拉廊府，年降水量最高值达4 000毫米。

🌸 三、相对湿度

泰国靠近赤道，常年高温多雨。但热季和凉季时，泰国中部至内陆腹地的湿度会逐渐下降，在炎热的热季表现尤为明显。在热季时，该部分区域的湿度将会从年均湿度的73% ~ 75%，下降至年均湿度的64% ~ 69%。1983年3月，泰国曾出现最为严重的干旱，导致达府的相对湿度仅为年均湿度的9%。而湿度最大则出现在1990年的清莱府，相对湿度达年均湿度的79%~80%。

❀ 四、热带气旋

泰国位于两大热带气旋发源地的中间地带，东面为太平洋与中国南海，西面则为孟加拉湾和安达曼海。热带气旋会从太平洋海面和中国南海上生成，且从东部沿海登陆的频率要高于从西部沿海登陆的频率。一般情况下每年平均有3~4个热带气旋登陆泰国。热带气旋登陆的地点通常位于泰国北部或东北部。在每年的1—3月，泰国受到热带气旋的影响很小。4月是热带气旋开始登陆泰国南部的第一个月。此时进入泰国的热带气旋多是在泰国西面海洋上生成。而到6月时，进入东面海洋上的热带气旋则转为登陆泰国的主力军。

第三节　　地势地貌

泰国整体地势呈现西北高东南低，国土形状呈象形，北部厚重，东北部宽大，南部细长如象鼻。全国大体可分为北部、东北部、中部、南部四个区域，而又可细分为北部、东北部、中部、西部、东部和南部六部分。其中北部地区为泰国纬度最高的区域，山脉复杂交错，地处内陆，常年被茂密的森林覆盖；西部地区主要为山岭峡谷；东北部为西北高东南低的呵叻高原；中部为湄南河平原地区；东部为面临泰国湾的低地；南部则为与马来半岛相连的半岛地区。

山脉面积占泰国国土总面积的29.3%，山体类型分为石灰石山、砂岩山及花岗岩山，平均海拔在1 000~2 500米。泰国境内山脉大体为自北向南延伸，包含1 233座自然山体，且主要集中在北部及西部地区。

1. 北部地区

泰国北部面积为9.3万平方千米，平均海拔1 600米，其中80%的土地为山地及丘陵，是中国云南怒山山脉的延伸部分，并由北至南贯穿泰国全境。主要山脉有比劳山、他念他翁山、仲通山、匹邦南山、坤丹山、琅勃拉邦山等。

比劳山是泰国和缅甸的天然分界线，呈东北—西南走向，纵贯清莱府的西部和清迈府的北部，绵延1 330千米，在泰国境内仅有130千米。该山的最高峰是帕宏帛峰，海拔2 146米。

他念他翁山为泰缅两国的国界山，呈西北—东南走向，纵贯夜丰颂府、达府、乌泰他尼府、北碧府。他念他翁山是泰国境内跨境最长的山脉。

仲通山位于清迈府西部，其境内的因他暖山为泰国最高峰，海拔2 595米。

匹邦南山呈南北走向，纵贯清莱府、帕府、南邦府、帕尧府，绵延412千米，最高峰位于帕尧府境内，海拔1 679米。

坤丹山是匹邦南山的一部分，呈南北走向，横跨清莱府、清迈府、南邦府，山中开凿一条长达1 326米的隧道，最高峰为兰伽峰，海拔2 031米。

琅勃拉邦山是泰国和老挝的天然分界线，呈南北走向，纵贯难府、帕尧府、彭世洛府，绵延590千米，最高峰为洛峰，海拔2 077米。

2. 东北部地区

泰国东北部面积为16.8万平方千米，地处呵叻高原，海拔在200～300米。其西面和南面为山脉，北面和东面被湄公河所环绕。高原内部包含两个盆地，分别为呵叻盆地及沙功那空盆地。泰国东北部地区的主要山脉有帕依丹那山、山甘烹山和普潘山。

帕依丹那山是泰国和柬埔寨的天然国境线，呈东—西走向，横跨武里南府、素林府、四色菊府和乌汶府，绵延544千米。

山甘烹山呈东西走向，横跨呵叻府、那空那育府、巴真府和沙缴府，绵延185千米。

普潘山呈西北—东南走向，横跨乌隆府、加拉信府、沙功那空府、那空拍侬府和穆达汗府。

3. 中部地区

泰国中部面积为9.2万平方千米，也称为湄南河平原。湄南河平原为泰国境内最大的冲积平原，地势平坦，大部分地区海拔均在海平面以下。泰国中部地区的主要山脉有栋帕耶费山。

栋帕耶费山紧挨着碧差汶山，是中部地区和东北部地区的分界线，横跨华富里府、呵叻府和那空那育府，绵延 129 千米。

4. 东部地区

泰国东部面积为 3.4 万平方千米，主要的山脉有庄他武里山和扁旦山。

庄他武里山呈西—东走向，横跨春武里府、差春骚府、罗勇府、达叻府和庄他武里府，绵延 281 千米，最高峰为梭道带峰，海拔1 670 米。

扁担山是泰国和柬埔寨的天然国境线，经达叻府北部到达叻府的空艾县，绵延 144 千米，最高峰为达班雅峰，海拔 914 米。

5. 西部地区

泰国西部地区面积为 5.4 万平方千米，以山地为主，主要山脉为达捞习山。

达捞习山是泰国与缅甸的天然国境线，从北碧府南下，纵贯叻武里府、碧武里府、巴蜀府和春蓬府，绵延 834 千米。

6. 南部地区

泰国南部地区面积为 7.2 万平方千米，多为丘陵山地，东临泰国湾，西临安达曼海。东、西海岸相差较大，东部海岸平直开阔；西部沿海大陆架狭窄，海岸线曲折。主要山脉有普吉山、那空是贪玛叻山和桑伽拉克哩山。

普吉山纵贯春蓬府、攀牙府、甲米府和那空是贪玛叻府，绵延517 千米，最高峰为帕农本乍峰，海拔 1 397 米。

那空是贪玛叻山紧邻普吉山，贯连素叻他尼府、那空是贪玛叻府、董里府、博他仑府和沙敦府，绵延 319 千米，最高峰为銮山，海拔约为 1 786 米。

桑伽拉克哩山是泰国和马来西亚的天然国境线，横跨沙敦府、宋卡府、也拉府和那拉提瓦府，绵延 428 千米，最高峰为胡卢底底巴沙峰，海拔 1 535 米。

第四节　　水文

泰国的海洋边境线长 2 615 千米（泰国湾 1 660 千米，安达曼海

955千米）。泰国拥有大量的地下水和众多的河流与湖泊。全国淡水面积可达3 750平方千米。其中中部地区灌溉水网和航运干线最为密集，为全国重要的农业区。全国100千米以上的河流达58条。

✿ 一、河流

1. 湄南河

湄南河又称昭披耶河。湄南河是泰国境内最为主要的河流之一，发源于缅甸的掸邦高原，全长372千米，水域覆盖面积16.04万平方千米。上源为宾河及难河，两河在那空沙旺府那空沙旺直辖县汇集后被称为湄南河；随后继续南流，经过乌泰他尼府、猜纳府、信武里府、红统府、大城府、巴吞他尼府、暖武里府和曼谷直辖市，最终注入泰国湾。下游的巴塞河为湄南河最大的支流。

湄南河流域地处热带湿润气候带，北部受亚洲季风气候影响，雨热同期；南部为海洋气候，全年温和湿润，雨量充沛。湄南河主要靠雨水补给，汛期集中在6—9月。受西南季风的影响，旱、雨两季水量相差达十几倍。全年河流平均流速718 m³/s，最高流速5 960 m³/s。雨季泛滥的河水将上游地区肥沃的泥沙冲刷而下，形成了著名的湄南河三角洲大平原。

对湄南河水域的挖掘治理，早在阿瑜陀耶王朝时期已有进行。为疏浚沙土严重淤积的曼谷湄南河河道，阿瑜陀耶王朝分别于1522年、1575年及1596年对现阿瑜陀耶府境内湄南河河道进行挖掘疏通，并修建了3条快捷水路。

2. 湄公河

湄公河是泰国另一条重要河流，发源于中国唐古拉山山脉，总长4 880千米，自北向南流经中国青海、西藏和云南；下游流经缅甸、老挝、泰国、柬埔寨，后至越南胡志明市注入太平洋。湄公河中国境内段称澜沧江。湄公河亦为泰老两国的界河，全长976.3千米。湄公河在泰老边界的一段水深流急，礁石起伏，交通不畅，只能通过小型船只。此外，颂堪河沿廊开府和沙功那空府的地界流入湄公河（该河有两段与老挝交界，上段长105千米，下段长825千米）。湄公河的这些支流都是砂质河床，旱季干涸见底，汛期往往又形成河水倒灌。

❧ 二、湖泊

1. 宋卡湖

宋卡湖是泰国境内最大的湖泊，位于马来半岛东岸，濒临泰国湾，面积约1 040平方千米，为泰国最大的天然湖泊。宋卡湖是泰国唯一一个横跨博他伦府、宋卡府及那空是贪玛叻府三府的湖泊。宋卡湖东面与泰国湾相连，因而湖水略咸。宋卡湖在过去曾是泰国重要的商品贸易交换和文化交流的集散地。中国人、印度人、阿拉伯人在12—18世纪就已经到达此地，并开始进行文化传播。宋卡湖中的燕窝山以品质上乘的天然燕窝而闻名。

2. 母拉碧湖

母拉碧湖是泰国境内第二大的淡水湖泊，位处那空沙旺府，并流经那空沙旺直辖县、春盛县，以及呈竹哥县，流域面积约212平方千米。该湖位于湄南河上游，周围多为冲积平原，土质肥沃、物产丰富，现为那空沙旺府著名的旅游景点之一。湖区内有着丰富的动植物资源，其中包括白眼河燕和虎鲈鱼等148种动物及44种植物。优越的淡水资源使得该湖成为淡水养殖业发展的天堂。

3. 农汉湖

农汉湖位于沙功那空府，是泰国东北部面积最大的淡水湖泊，流域面积123平方千米，平均水深2~10米，为泰国重要的淡水鱼及水禽养殖地。农汉湖中有30余个岛屿，其中最大的岛屿为天堂岛，岛上有古代佛教寺庙遗迹和丰富的鱼、鸟资源。组织游客上岛旅游参观，成为当地居民谋求生计的方式之一。

4. 红莲湖

红莲湖位于乌隆府，因其10月至次年3月在湖中盛开的密集热烈的红莲盛景而被人们所熟知，湖域面积36平方千米。

5. 拉汉湖

拉汉湖位于猜也蓬府，湖域面积29.09平方千米，有着十分丰富的自然资源和优良的生态环境。2000年该湖被提名《世界湿地保护名录》。为保护农业、渔业及生态环境，该湖常年蓄水，水深1.5~4米。湖区内设有渔业保护点，鼓励渔民一起参与环境保护。

6. 帕尧湖

帕尧湖是泰国北部最大的淡水湖，位于帕尧府中央地区。湖中生活着45种17科属的淡水鱼类。湖区内建立有20.5平方千米的渔业养殖区。当地的湖泊公园，也是著名的旅游景点。

此外泰国的淡水湖泊还有披集府的思发湖（约8.6平方千米）、黎逸府的布拉差湖等。

三、海湾

泰国湾，旧称暹罗湾，面积约25万平方千米，因第三纪地壳运动地面发生断裂陷落而成，为南海最大的海湾。泰国湾位于巽他大陆架浅海，平均水深45.5千米，最深处84米，泥沙底质。潮汐性质以不规则全日潮占优势，潮差小，一般不到2米，湾顶至4米。海浪随季风而异：11月—次年1月以东北浪为主，月平均波高0.5~0.9米；3—8月以偏南浪居多，月平均波高0.6~0.9米。泰国湾属亚热带季风气候区，年平均气温26~28 ℃，年降水量2 500毫米，年平均表层水温27 ℃。注入湾中的主要河流有湄南河、夜功河、邦巴功河等。泰国湾沿岸多红树林沼泽。其底部为淤泥和黏土，沿岸有重要渔场，渔产丰富。

第五节　　自然资源

一、动植物资源

泰国地处热带，雨水充沛，光照充足，适宜生物的生长。泰国拥有丰富的森林资源，广袤的林海中生活着15 000种植物与16 495种动物。其中哺乳类动物有200余种，鸟类有600余种，鱼类有200余种。

（一）动物资源

1996年，泰国哺乳类动物有265种，主要有大象、黑鹿、黑熊、黑豹、马来熊、长臂猿、短尾猴、蜂猴、叶猴、猕猴、虎等。2000年泰国有34种濒危哺乳动物，2016年增至56种。泰国大象主要分布在中部、北部和东北部地区。

泰国爬行类动物主要有蛇、龟和蜥蜴类，以蛇最为常见。1996年，泰国有616种鸟类，主要的鸟类有鹩哥、织布鸟、笑鸫、鹌、缝叶莺、鹊鸲等。其中共有51种鸟类成为濒危物种。

鱼类资源丰富的泰国共有鱼类品种200余种，经济鱼类有琼鲨、虎鲨、犁头鳐、银鲳、鲶鱼、鲤鱼、攀木鱼、蛇头鱼、黄鳝等。此外泰国还盛产青鳝、海虾、河虾等水产品。2016年，泰国共有106种鱼类被列为濒危物种。

（二）森林资源

泰国森林主要有常绿林和落叶林两大类，常绿林约占森林面积的一半，其余为落叶林、沼泽林、海滩林和其他树木。沼泽林生长在常年积水的沼泽地，分布在中部和南部，主要有黄豆树、大风子和乌檀属等。海滩林主要有木麻黄、桐棉等。

20世纪初，泰国的森林覆盖率高达75%，1961年制订第一个国家经济社会发展计划时降为53%，20世纪70年代末期降至27%，到1995年森林覆盖率仅为22.8%。随着人口规模的持续增加，森林被开发用于人类的生产生活之中，如生活用地、生活用材、农业生产、工业生产等，泰国森林覆盖率呈急速下滑趋势。21世纪以来，泰国政府十分重视对森林资源的保护，严格控制林木的商业采伐，森林覆盖率有所回升。直至2011年，泰国森林面积仅剩约171 200平方千米，占其国土面积的33.54%。泰国森林覆盖率最高之地位于泰缅边界的山脉上，一直延伸至南部沿海地区，最终与马来西亚的森林相连接，途经清迈府、清莱府、夜丰颂府、达府、北碧府、碧武里府、攀牙府、素叻他尼府、洛坤府。此外，在泰国东北部及南部地区也有少量森林分布。

泰国森林资源归国家所有，国家管控森林的商业采伐。现今，泰国木材交易主要树种为柚树、桉树和橡胶树三种，其木材主要来自人工种植的经济林区。20世纪60年代，泰国已经完成从木材出口国向进口国的转变。为实现土地的合理使用，泰国政府将林区划分为保护区、经济区和农业区。保护区包括国家公园、野生生物保护区、非狩猎区、永久森林和有限制的流域区域。经济区主要用于商业产品的生产。农业区主要用作农业用途，分配给穷人和农民使用。

❖ 二、矿产资源

泰国矿产丰富，主要矿产有钾盐、锡、褐煤、油页岩、钽、钨、重晶石、萤石、石膏、锑、锰、锌、铅、铁、铬、高岭土、宝石和石油、天然气等。

1. 锡

锡是泰国重要的金属矿产，主要分布在泰国南部的攀牙府、普吉府、拉廊府、洛坤府，西部的巴蜀府、北碧府、碧武里府、达府，以及北部的清迈府、程逸府等地。锡主要集中在半岛南部地区，其产量约占全国产量的85%。随着北部地区分散的一些小型生产矿区的开发，现今锡矿开采扩大至叻丕府、北碧府、乌泰他尼府、达府、清迈府、夜丰颂府、清莱府等中部及北部地区。泰国的锡矿90%以上的产量来自砂锡矿床，最著名的攀牙府打瓜巴-普吉矿锡矿区，其储量占全国总储量的三分之一以上。

2. 铁

铁矿石在泰国诸多府都有分布，如达府的清坎县、华富里府的达快山、北碧府的恩肯山等。当前泰国铁产量呈下降趋势，现多采用国外进口铁替代。铁矿主要分布在北碧府、北柳府、清迈府、南邦府，碧差汶府、拉廊府、甲米府、黎府等。

3. 锰

泰国锰矿的主要品种有软锰矿、硬锰矿、菱锰矿、水锰矿、隐钾锰矿和褐锰矿。锰被广泛用于泰国金属工业、电池工业、化学工业的生产中。在南奔府、乌泰他尼府、陶公府、罗勇府、南邦府、清迈府、北大年府等都有锰矿分布，且大部分矿床出产的矿石品相较好。主要的矿床有南奔府的王迈周锰矿和清迈府的夜塔锰矿。

4. 钨

泰国有钨矿床25处，大体沿着西北边境分布，从清莱府经夜丰颂府、帕府、北碧府至洛坤府。比较重要的矿床有洛坤府的考松黑钨矿矿床、帕府的贡山矿床和清莱府的莫山白钨矿矿床。泰国钨矿主要出口至美国、德国等地。

5. 锑

泰国锑矿储量丰富。截至2008年，锑储量为35万吨。锑矿主要分布在泰国北部的南奔府、南邦府、帕府、清迈府，东部的春武里府以及南部的素叻他尼府。主要矿床有素叻他尼府的班宋矿床、帕府的堆法坎矿床、南邦府的班昆矿床和春武里府的克朗克拉塞矿床。巴西和比利时等地为泰国锑矿最大的出口地。

三、能源资源

(一) 常规能源

1. 石油

现今泰国国内石油消耗量的三分之一来自国内开采，三分之二依赖于国外进口。早在19世纪中期，泰国石油勘探工作便已经开始进行。随后，继1953年在泰国北部山间盆地发现芳油田，1958年和1963年又相继在呵叻高原发现了小型气田。20世纪60年代初至70年代末，泰国湾上的海上油气田勘测开发逐渐起步，1973年埃拉旺凝析气田、1974年班波气田和沙嗷气田被发现。如今，泰国油气勘探开发主要集中在泰国湾和安达曼海的盆地，主要资源是天然气和凝析油。2016年泰国石油消费总量达约130万桶/日，是全国石油生产产量的两倍多。为了满足需求并填补供应缺口，泰国仍需进口大量的石油。2016年泰国进口的原油中，有62%来自中东，另有33%来自亚洲。另一方面，由于炼油能力相当可观，泰国是石油产品的净出口国。根据费氏全球能源公司的数据，在8个经营的炼油厂中，泰国的石油产能（120万桶/日）在东南亚位居第二。泰国国家石油公司，又称泰国石油管理局，是泰国石油工业的主要管理部门以及经营实体，隶属于工业部。其主要业务包括对政府拥有的石油资源的开发、炼制及油品的储存和销售，负责石油的利用、输送及天然气的加工处理等。

在石油的利用上，最重要的使用领域是工业和运输业，两者消耗的石油产量数额约占全国石油消耗量的72%。

2. 天然气

泰国天然气资源较为丰富，是泰国电力生产主要使用的能源之一。截至2013年1月，泰国已探明的天然气储量为286亿立方米，储产比为6.9%。当前泰国天然气使用量已超过其自身国内天然气产量。2015年泰国天然气消费量已达529亿立方米，而其同年国内天然气产量仅为398.1亿立方米。故而为平衡国内市场的需求，泰国需要进口天然气。泰国使用的天然气输入渠道主要有两处：一是从位于安达曼湾缅甸境内的耶德那、耶德贡海上气田进口，进口量占全国天然气使用量的23%；剩余77%天然气则由国内生产的天然气提供，主要集中在泰国湾附近海域。泰国的天然气分离厂一般都选址在靠近气田附近的海域，并形成较好的输出管道。

3. 煤炭

泰国的煤炭资源主要是褐煤和烟煤。其中约80%的煤分布在北部的南邦府、清迈府、南奔府、达府、帕府和程逸府，其余的则分布在南部的素叻府、董里府、甲米府和东北部的呵叻府、加拉信府。泰国的煤炭产量在2011年达到2 350.9万吨，之后产量逐渐下降，2014年煤炭产量为1 982万吨。

（二）可替代能源

随着泰国发展可替代能源政策的不断推进，其使用力度也随之不断加强。可替代能源的使用可以减少对化石燃料的依赖与使用，降低对国外能源的使用需求，从而加快发展本国替代能源技术。可替代能源主要包括太阳能、风能、小水电能、大水电能、生物质能、垃圾能源和生物燃料（生物柴油和乙醇）等。2015年，热能继续成为泰国使用最多的替代能源，占使用替代能源总量的65.3%。在泰国科技进步、政府倡导、企业能源使用及国家能源设施等多重因素的作用下，泰国替代能源代替石油燃料的替代比例逐年提高。2015年泰国使用10 077千吨可替代能源代替国内石油消耗，较2014年使用量上涨11.7%。

第六节 行政区划

🏵 一、行政区划概况

　　泰国行政系统划为三个级别，即中央政府行政系统、地区行政系统，以及地方行政系统。中央政府行政系统包括总理办公室、（大）部、（小）部、厅、命名为其他名称的政府部门与机构等。

　　地区行政系统划分为府、县、区、行政村。此外还有直辖市和一些自治镇。府是泰国最大的地方行政区划单位，由中央政府直接管辖。府的行政长官称为"府尹"，由内政部直接任命。每个府下属若干个县级单位。县为隶属于府的行政区划。县长由内政部任命。部分地域比较广阔但人口密度不足以划分为县级的地区或远离县区且人口密度较大的地区还设有分县。区是隶属于县的农村行政单位，区长由县长与各区长组成的区长会议讨论选举，区级下属20个村级单位。村为泰国最小的行政单位。在同一行政区域内不低于200人的自然村落或不低于5户人家组成的自然村落可划分为一个村单位。每个村配备一个村长和两个村长助理。村长及村长助理由村民代表会议自行选出。截至2016年，全国共有76个府（不包括曼谷直辖市），878个县，7 255个区，74 965个行政村。

　　地方行政系统为泰国在一些大的居民区实行自治市制度，根据居民区规模的大小和人数的多少划分为中央直辖市、都级市、市级市、区级市、自治镇和特区城市。泰国现设有1个直辖市，30个都级市（不包括曼谷和帕塔亚），178个市级市，2 233个区级市。首都曼谷为泰国唯一的直辖市。都级市为人口总数在5万人以上且地方财政有能力承担独立的日常行政工作的城市。市级市为人口总数在1万人以上且地方财政有能力承担独立的日常行政工作的城市。区级市为内政部规定划分的特殊发展的小城镇。帕塔亚特区为泰国唯一的特区单位，位处春武里府境内，是泰国著名的海滨旅游城市，居民绝大部分以从事旅游业为主。帕塔亚市全市面积53.44平方千米，人口115 840人。

💠 二、各府直辖市情况

　　根据泰国国家研究理事会确立的泰国区域六分区论，泰国可分为泰北部9府，东北部20府，中部21府，东部7府，西部5府，南部14府。但根据国家经济和社会发展委员会办公室行政区划分四分区论划分，则可划分为泰北17府，泰东北19府，泰中包含曼谷共25府，泰南14府。

泰国区域六分区论各府分部表

首都	曼谷
北部	清迈府、清莱府、难府、帕尧府、帕府、夜丰颂府、南邦府、南奔府、程逸府（乌达腊迪府）
东北部	加拉信府、孔敬府、猜也蓬府、那空拍侬府、呵叻府（那空叻差是玛府）、汶干府、武里南府、马哈沙拉堪府、穆达汉府、益梭通府、黎逸府、黎府、沙功那空府（色军府）、素林府、四色菊府、廊开府、农磨兰普府、乌隆府（乌隆他尼府）、乌汶府（乌汶叻差他尼府）、安纳乍仑府
中部	甘烹碧府、猜纳府、那空那育府（坤西育府）、佛统府、那空沙旺府（北榄坡府）、暖武里府、巴吞他尼府、大城府、披集府、彭世洛府、碧差汶府、华富里府、沙没巴干府（北榄府）、沙没颂堪府、沙没沙空府、信武里府、素可泰府、素攀府（素攀武里府）、沙拉武里府、红统府、乌泰他尼府
东部	庄他武里府（尖竹汶府）、差春骚府（北柳府）、春武里府、哒叻府（桐艾府）、巴真府（巴真武里府）、罗勇府、沙缴府
西部	北碧府（干乍那武里府）、达府、巴蜀府、碧武里府（佛丕府）、叻武里府（叻丕府）
南部	甲米府、春蓬府（尖喷府）、董里府、那空是贪玛叻府（洛坤府）、那拉提瓦府（陶公府）、北大年府、攀牙府、博他伦府（高头廊府）、普吉府、拉廊府、沙敦府、宋卡府、素叻他尼府（万伦府）、也拉府（惹拉府）

❀ 三、首都曼谷

　　曼谷是泰国的首都，位于湄南河下游冲积平原地带，距离泰国湾40千米，面积 1 568.737 平方千米，常住人口 5 686 646 人，是泰国政治、经济、文化、教育、科技、交通运输等各方面的中心。2016年曼谷经济贡献占国民生产总值的26%。曼谷知名高校林立，著名大学包括：暹罗大学、玛希隆大学、朱拉隆功大学、法政大学、班颂德皇家大学、泰国皇太后大学、四色菊皇家大学、兰甘亨大学、亚洲理工学院、泰国艺术大学、泰国华侨崇圣大学等。

　　曼谷是泰国及东南亚重要的交通、通信枢纽之一。曼谷拥有两个国际机场，满足国内外航空运输需求。曼谷廊曼国际机场（又称为旧曼谷国际机场）曾为东南亚最繁忙的机场之一，位于曼谷北部25千米处，现在主要承接国内和国际廉价航班服务。素万那普国际机场（又称为新曼谷国际机场）是东南亚最大的空中转运中心。曼谷港为泰国最大的港口，也是世界二十大集装箱集散港口之一。曼谷的公共交通设施发达，十分便利。乘坐高架铁路与曼谷地铁可穿梭于曼谷主要商圈。曼谷东、南、北面都建有汽车枢纽站，可通往全国各地。曼谷东站为曼谷至泰东南方向的长途汽车站，由此可乘车至东部各府。曼谷南站有新旧两个车站，旧站位于曼谷莲区，新站位于棠林詹区，由此可乘车至南部各府。从曼谷北站可乘车至北部与东北部各府。曼谷的主要火车站是华喃峰火车站，由此可乘车至国内各府、马来西亚、老挝、柬埔寨。

第二章 简史

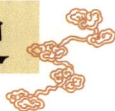

第一节　史前社会

对千百万年前的化石和岩层的考察发现，在泰国封建国家建立以前，这片土地上就早已有生命存在。例如在泰国加拉信府和孔敬府出土的古鱼类和恐龙化石，距今已有1亿年。而在泰国境内发现的最早的古人类活动是在甲米府发现的距今4万年前的人类活动遗迹。在北碧府出土的距今5 000年前的石斧和3 000年前的陶器等都证实了在这片土地上曾有过丰富灿烂的远古文明。在侏罗纪时期，泰国东北部的呵叻高原的红土地曾是大规模的恐龙、古鱼类、古龟类和多品种的长毛象的居住区。在泰国加拉信府的恐龙博物馆内，现存着泰国境内出土的体积最大的恐龙化石，它共由600余块化石组成，身长6.4米，距今已有1.3亿年的历史。

1943年，被日军俘虏的荷兰学者范·海克伦在被押解前往修筑死亡铁路的途中，在泰国北碧府发现了6块单面剥落的砾石片。经考证这是旧石器时代初期流行于亚洲南部、东南部地区的远古石器。此类石器在泰国北部清迈府的普拉洞、中部华富里府的法刀洞和克拉丹洞均有出土。砍削石器的创造者为猿人，其年代距今约五六十万年。

到了距今一万年左右，泰国的原始人类逐渐从旧石器时代过渡到新石器时代，泰国北碧府的翁巴洞和赛育岩以及西北部的仙人洞都出土了大量新石器时代的砾石打磨工具。其特点是一面平，一面凸。凸面为裂面。有学者认为，在泰国仙人洞内发现的距今七八千年底层中出土的类似于人工种植的植物果实，可以证明早在七八千年以前，泰国原始人类已经学会了人工栽种植物。而后期出土的烧焦的骨头、果实等竹炭化石，则表明泰国原始人类已掌握了熟娴的用火技术。

公元前五六千年，居住在泰国的古人类从山区开始转向低地，从狩猎和采集的经济阶段向农耕经济阶段过渡，进入到低地原始农业村社时期。

20世纪60年代，泰国东北部孔敬府能诺他遗址出土的一块稻壳印陶片，经碳14测定古陶片出现的时间在公元前3500年，这说明泰国种植水稻的历史已长达5 000余年。此外，随着农业的发展，用于盛放食物、储存粮食的陶器制造业逐渐兴旺起来。其中，著名的有出土于班清文化遗址中的早期绳纹陶器、后期的硬质釉陶等。

第二节　上古时期

距今3000年前，被视为泰国历史时期的开端。孟人是东亚地区的古老民族之一，其活动的主要区域为泰国中部和南部，并在公元前后形成了泰国早期的国家组织。公元前3世纪前，湄南河平原上形成了两个国家，中国古籍称之为金陵和林阳。金陵，位于林阳之东的湄南河流域地区，首府约位于今佛统。林阳，其范围约在今泰国的西南部，直至缅甸西部。除此之外，在马来半岛北部也存在一些孟人小国，如顿逊国、盘盘国、箇罗国、狼牙须国、赤土国等。这些具有商业性特征的国家，都处在中西交通的海上道路上。

由于地理位置优越，孟人国家很早便开始同国内外开展贸易活动，其中包括与罗马、中东、印度和中国间的陆路与海陆贸易活动，泰国的部分城市逐渐开始成为经贸城市。几千年前，泰国商人穿越中亚大陆，追随商队往返于欧洲和亚洲大陆之间。他们带着少量的商品，与欧洲、中东、中国、印度等商人进行小额贸易交换。陆路商道被称为古代丝绸之路，海上商道被称为海上丝绸之路。从西方买回的商品主要有金器、银器、布匹、动物皮毛和棉花，和东方交换的物品主要有陶瓷、丝绸和香料。

6世纪，湄南河和他钦河流域的一些城邦逐渐发展繁荣起来，如乌通城（今素攀武里府）、那空猜西（古佛统）、库巴（今叻丕府）、占显（今猜纳府）等。在邦巴功水域、华富里水域和巴塞河流域地区，发现了大量的来自古印度、古希腊、古罗马、中东和中国的装饰品和钱币。6世纪以后，孟人在湄南河下游地区建立堕罗钵底国，统治范围以今佛统府为中心，东至今孔敬府、西达今北碧府，南至叻武里府、北达猜纳府。随着湄南河流域商业贸易的日益繁盛，堕罗钵底国逐渐成为泰国中部重要的政权国家。10世纪时，堕罗钵底国被强大的吴哥王朝征服，后隶属于吴哥王朝。7世纪下半叶，今泰国北部地区的孟人以今南奔府为中心，建立起哈里奔猜国，中国古籍称之为女儿国。12世纪初，罗富里地区兴起了孟人所建的国家罗斛。

第三节　素可泰王朝

　　11—12世纪时，泰国仍处在部落割据的状态之中。北部有以泰族为主体的清盛国、帕尧国，以孟人为主体的哈里奔猜国；中部有以罗斛族为主体的罗斛国，以泰族为主体的差良国等。12世纪中期，柬埔寨的吴哥王朝正值强盛时期，其进一步扩张并控制了现今泰国湄南河流域和东北部东区，并以现今的华富里府作为控制该区域的管控中心。此时，泰国境内原先建立的其他小政权国家，大都隶属于吴哥王朝之下。13世纪初，吴哥王朝西境掸族入侵清盛国，泰族首领柴西里亲王被迫逃亡。一支由柴西里亲王带领的队伍，到达甘烹碧对岸的一处名为佩的地方，随后向南发展至佛统区，于14世纪中叶创立阿瑜陀耶王朝。另一支队伍逃亡到素可泰地区后，仍隶属于吴哥王朝的统治之下。直至1238年，泰族首领坤·邦克朗刀联合孟叻的泰族首领坤·帕孟领导泰族人民进行抗争，推翻吴哥王朝在该区域的政权，建立了素可泰王朝。未逃散的清盛国的泰族本支王朝政权则留守于原来的属地。13世纪以后，柬埔寨的吴哥王朝日益衰落，清盛国本支已传位到孟莱王，他即位后积极向西南发展，1296年将都城迁至今清迈地区，而后控制了整个泰北地区，建立了兰那王国。

　　素可泰王朝第一任国王即为坤·邦克朗刀，尊号"室利·膺纱罗铁"。"素可泰"的含义为"幸福的黎明"或"快乐的开始"。中国古籍称之为"暹国"。在后世的兰甘亨石碑上曾有记载，室利·膺纱罗铁育有三男二女，后因长子早逝，将王位传于次子般蒙。同一时期的泰国北部地区，还存在兰那王国与帕尧王国。

素可泰王朝二世王般蒙王统治末期，正处于素可泰王朝的领土扩张期。此时的素可泰王朝领土已东至纳坤泰城（今彭世洛府纳坤泰县）和漏城（今碧差汶府漏差县），南至了拉邦城（今那空沙旺府）、沙朗城（今披集府）和派城（今猜纳府），西至草城（今达府脉扫县），北至通阳城（今乌泰他尼府）。约1275年，般蒙王薨。1279年，王位传给时年38岁的兰甘亨。兰甘亨在位期间，致力于国家建设，赢得了极高的声誉。政治方面，改革军队建设，建设一整套军政合一的政治制度，并实行民主政治，人民可直接觐见请愿于国王；经济方面，鼓励生产与贸易，准许子嗣继承；宗教方面，建立与政治相适应的独立文化，积极引入经锡兰改造后的上座部佛教，以抵制吴哥王朝宣扬的贵族等级思想，以达到巩固民心、团结社会的目的，此后佛教之风蔚然盛行。此外，兰甘亨国王在对高棉文字进行改造的基础上，创造了泰族自身的统一文字，进一步加强了民族自信心。1292年所立的兰甘亨碑铭，就是采用新创造的泰文字书写的第一块泰文碑铭。这一文字后来被逐渐改造，发展成为今日所使用的泰文。外交方面，兰甘亨国王主动与兰那王国和帕尧王国结盟，并主动与元朝修好，以确保素可泰王朝在相对和平的环境中发展。兰甘亨国王在位的40年里，素可泰王朝进入全盛时期，政治、经济、社会、宗教和文化等诸多方面都得到了很大的发展。因兰甘亨国王对泰国社会做出的突出贡献，其被后世尊称为"兰甘亨大帝"。

1298年，兰甘亨大帝驾崩，其20岁的儿子拉泰继承王位。之后的国王在治国方面缺乏建树，导致素可泰王朝逐渐走向衰落。仅在立泰王时期，国家关系和宗教事业才取得小范围发展。素可泰王朝后期，实际附属于阿瑜陀耶王朝之下。1438年，阿瑜陀耶王朝派兵占领素可泰城，素可泰王朝因国体衰弱与国内内讧，最终灭亡。

第四节   阿瑜陀耶王朝（大城王朝）

❖ 一、阿瑜陀耶王朝前期

湄南河冲积平原自然条件优越，水草丰美、地势平坦、河网密集，自7世纪始便有大大小小的部落在此聚集，区域社会逐渐发展起来。素攀国于湄南河的西边建立，罗斛国则在东面建立。14世纪，37岁的乌通王将素攀国和罗斛国合并于阿瑜陀耶王朝之下。据考证，乌通王世系属于清盛王朝昌莱支系，为柴西亲王的分支支系。乌通城地理位置优越，湄南河、巴塞河及华富里河三条河流流经此处，北面挖有护城壕沟灌满河水。水道可流经佛统，到达暹罗湾。乌通王统治初期对其统治范围内的佛教寺庙进行恢复修缮，以宣扬佛教宗义。派遣王子固守素攀国，以维护国家稳定，后又将"子王城"罗斛国并入素攀国治理。这一时期已有来自中国、印度、锡兰、爪哇、马来半岛和阿拉伯等地的商人在乌通城里进行商贸活动。阿瑜陀耶王朝保留华富里、素攀、叻武里、碧武里等地。阿瑜陀耶王朝有16个附属国，分别为马六甲、爪哇、丹那沙林（今缅甸一省）、洛坤、土瓦（今缅甸城市）、八都马（今称马达班，缅甸城市）、摩棉（今称毛淡棉，缅甸城市）、宋卡、尖竹汶、彭世洛、素可泰、披猜、宋加洛、披集、甘烹碧，以及北榄坡。

据阿瑜陀耶王朝史籍记载，1350年，乌通城爆发了一场严重的瘟疫。乌通王将首府迁至湄南河河口的阿瑜陀耶，并于1349年宣布独立，尊号帕·拉玛铁菩提王。阿瑜陀耶成为政治中心，号称"堕罗钵底·室利·阿瑜陀耶"，华人称其为"大城"，与北方的素可泰王朝形成对立局面。1368年，素可泰王朝玛哈坦玛拉差二世继位。1371—1378年，阿瑜陀耶王朝与素可泰王朝间曾经爆发过多场战争，最终以玛哈坦玛拉差二世战败告终。而后，素可泰王朝则以附属国身份并入阿瑜陀耶王朝统治之下。素可泰王朝最后因内讧而灭国。梵语中"阿瑜陀耶"为"不可攻克的城市"之意。阿瑜陀耶王朝传国34代，历经400余年，为泰国历史上第二个统一王朝。

阿瑜陀耶王朝主要延续使用了素可泰王朝和高棉王朝的制度。阿瑜陀耶王朝实行君主制，全国各省均隶属于中央封建政权。君主任命各省统治者，分配职权。附属国则需要每隔3年向中央封建政权纳贡。重要的省均委派王族成员进行治理，这些地方官员相对独立地统治着领地内的人民，但仍需要听命于国王。如国家有对外战争和兴建公共工程，各省统治者必须服从国王的调遣，义务向国王提供人力和物力。

在内政上，阿瑜陀耶仍旧沿袭素可泰王朝的制度，分设四个部：内务部，设内务大臣，其职责是治理地方政事、监督人民、拿办盗匪及惩治罪人；宫务部，设宫务大至，专管宫内事务及审理国民的诉讼等；财务部，设财务大臣，负责保管国家财政收入；田务部，设田务大臣，主管农田和京畿的粮草收集和储备。地方各省也相应有类似的设置。

为巩固政权，拉玛铁菩提王派太子拉梅萱驻守与素可泰接壤的华富里，命国舅蓬固王子坐镇素攀武里。1352年，拉玛铁菩提王派太子拉梅萱入侵柬埔寨，后在国舅蓬固王子的协助下，于1353年攻陷吴哥。拉玛铁菩提王命王子巴萨到吴哥进行统治。1354年，柬埔寨索里约太收复被阿瑜陀耶王朝掠夺的部分失地。

司法方面，拉玛铁菩提王制定颁布了十部法律以规范国家司法，维护公平正义。其中包括：1351年制定的《证据法》，1352年制定的《刑法》，1356年制定的《受诉法》和《拐带法》，1358年制定的《民法》，1360年制定的《盗窃法》和《土地法》，1361年制定的《婚姻法》，1362年对《婚姻法》进行了增补修订，1367年对《盗窃法》进行了修补与增订。但制定这些法律的目的是为了维护统治阶级的利益和奴隶制度，下等人如奴隶、渔夫、鞋匠、娼妓、乞丐、舞娼等被剥夺了法律权利，且没有申诉权。

1431年，三披耶王举兵攻下了柬埔寨首都，并于1438年将素可泰吞并。随着阿瑜陀耶王朝的不断扩展和发展，王朝内部原有的社会矛盾如国家统治制度、土地矛盾、奴隶矛盾等问题日益突出。1448年，戴莱洛迦纳国王即位，随后对国家行政进行调整，在中央增设直接听命于国王的军机大臣和主管全国民事的内政大臣。戴莱洛加纳还取消了原定于设在京都的华富里、那空邦育、巴丹和素攀武里四个方向的卫城，并下令扩大京都、畿内城和畿外城的管辖范围，同时委任效忠的官员前往这些地方进行管理。各城下由各城主设立区长、镇长、村长等职务，强化中央集权管理。

戴莱洛迦纳王登基后，阿瑜陀耶的领土面积得到了极大的扩张。为强化中央集权对领土和人民的管控，分化地方割据势力威胁，平衡国家主要权力集团，戴莱洛迦纳王开始着手对土地制度进行改革，确立了"萨克迪纳"土地制度，将国家社会的等级制度建立在古代人民与土地的天然依附关系之上。泰文中"萨克迪"意义为权利与尊严，"纳"为土地之意。根据"萨克迪纳"制度，国家依照国内爵位、官吏职位和社会地位等划分土地。在"萨克迪纳"制度中，国家主要分为两大阶级，即统治阶级和被统治阶级。国王位处封建国家权力的顶端，统治阶级再分为皇族与贵族两个等级。皇族称为"召乃"，细分为三个层级：最高等级为"召法"，为国王嫡子；其次为"帕昂召"，为国王庶子与召法嫡子；再次为"蒙召"，为帕昂召之嫡子或召法庶子。贵族阶级称为"坤囊"，最高等级官衔为"昭披耶"，随后是"俄亚披耶"，授予阿瑜陀耶时期的城务部、宫务部、财务部和农务部四部大臣，以及各大守城太守；接着依次为"帕"、"銮"和"坤"。为防止地方势力膨胀，全国封地不能世袭，国王可随时更换官吏与收回封地。贵族官吏在离职时，须将土地交还给国王，仅留下部分土地维持体面的生活。皇族土地世袭则规定，皇族每传一代则爵位下降一级，以将地方割据的情况遏制在代代继承中，防止中央政权位置受到动摇。

被统治阶级分为"派"和"塔特"两种。"派"可细分为"派銮"、"派索姆"和"派帅"。"派銮"是国王御用的农奴，一般被分配给皇族和地方官吏使用。"派銮"一年须为国家服役6个月，从事修建国家寺庙、皇室住宅、国家公共设施、道路等。"派銮"不仅需要向国王纳赋和服役，还须为管辖他们的地方官吏干活。"派銮"虽然可从国家获得少量微薄的私产，但实际上因其没有时间从事耕地劳作，故而无法获得稳定、丰富的农业收入。"派索姆"是指隶属于拥有400莱以上贵族的私家奴隶，他们耕种份地，并将份地所得的大部分收入交给其依附的贵族地主，同时还为其服各种杂役。"派索姆"的私产可留给子女继承，但没有人身自由与权利。"派帅"为远离皇城、专门为皇族生产农业必需品的农奴。"塔特"是无偿为贵族从事家务，并给贵族服务的家奴。皇族分封土地为 15 000 ~ 100 000 莱，贵族分封土地为 400 ~ 1 000 莱，高级僧人分封土地为 400 ~ 2 400 莱，平民"派"分封土地为 10 ~ 25 莱，"塔特"分封土地为 5 莱。"萨克迪纳"制度实现了统治阶级成为生产资料的归属者，即占有大量土地。平民与奴隶则为土地上实际的生产者。依附关系的存在，使得统治阶级通过对土地的占有，转变成为对国家人力资源的占有，最终形成稳定的封建土地所有制。

二、阿瑜陀耶王朝中期

阿瑜陀耶王朝中期，暹罗成为中南半岛上的一个强国。为了和缅甸争夺这一地区的霸权，从 1538 年起，泰缅之间进行了长期的战争。1546 年，阿瑜陀耶王朝帕猜罗阇王薨，年仅 11 岁的太子继位，王太后听政，权臣跋扈。1548 年，权臣谋杀幼主篡位。帕猜罗阇王之弟还俗践位，号摩诃·查克腊帕王。缅甸莽瑞体王听闻暹罗内乱，遂于 1549 年初远征阿瑜陀耶。阿瑜陀耶虽设有防御体系，但因缅甸突袭且兵力强大，阿瑜陀耶军节节败退。缅军从暖武里、吞武里和龙仔厝三面围堵阿瑜陀耶城。阿瑜陀耶军抵挡不住，退入阿瑜陀耶城。城中粮草囤积充足，阿瑜陀耶军与缅军开始了持久战。缅军首次入侵，不熟悉地貌，连战 6 个月后，因粮草日渐不足，恰逢雨季，又听闻暹北盟军支援，莽瑞体王最终下令撤军。阿瑜陀耶王朝王子纳梅萱和帕玛昆尾随偷袭缅军，不料反被伏击。摩诃·查克腊帕特王遂向缅军求和。缅王以不得偷袭撤退的缅军及贡献两头御象为条件，遣返两名阿瑜陀耶王朝王子。

经过 1548 年泰缅战争，摩诃·查克腊帕王为防范缅军再次进攻，积极进行备战。除加固京城外的炮台与城墙外，他还采取了如下措施整编全国兵力，加强国内军事实力：第一，调整国家征兵制度，普查国家兵源数量；第二，改革地区建制，缩小畿内省规模，以城为单位建立繁复密集的抵御网络；第三，改进武器装备，战船配备大炮，并雇用葡萄牙炮手等；第四，加强捕猎大象。但在派兵部署中，阿瑜陀耶方面采用以皇城为中心的防御体系，忽视了对暹北防御体系的布控。1550 年，莽瑞体王因国内矛盾被刺杀身亡。1554 年莽瑞体的妹婿及部将莽应龙重新统一缅甸后，着手远征阿瑜陀耶。1563 年，莽应龙以要求阿瑜陀耶进贡白象被拒为由，兴兵攻打阿瑜陀耶，两国爆发著名的"白象战争"。莽应龙避开雨季，改从旱季开始发动进攻，派部队假意从老路三塔径进攻，实则加强从泰北迈拉茂地区进攻，以撕裂暹北为突破口，越过清迈、甘碧烹和素可泰，切断暹北援军，直逼阿瑜陀耶。摩诃·查克腊帕王识破缅军意图之时，已回天无力。1564年，暹军战败，并答应向缅军赔款、献白象以及送主战派骨干纳梅萱王子入缅为人质等要求。缅军后又多次强攻阿瑜陀耶城，但均未奏效。1569年，摩诃·查克腊帕王病逝，其子摩欣王继位。后经奸人挑唆及叛徒出卖，阿瑜陀耶城最终于1569年被攻破。缅军破城后对阿瑜陀耶城进行大肆抢掠，掳走皇室与大量平民，并派少量军队留守阿瑜陀耶。阿瑜陀耶沦为缅甸附庸国长达15年。在此期间，柬埔寨王国曾多次袭击暹罗，阿瑜陀耶后世以此为由，要求修建阿瑜陀耶城中防务，重整军队。1569年12月，摩诃·达摩罗阇诸被缅王任命为暹罗王，暹罗王将其女儿献给莽应龙作妃子，其长子帕那莱被封为暹罗副王镇守彭世洛。1581年，莽应龙逝世，其子莽应里继位，缅甸国内爆发皇位争夺战。暹罗王子帕那莱趁机组织复国战争，并于1584年恢复国家独立。1590年摩诃·达摩罗阇逝世，其长子帕那莱继位，尊称纳黎宣。纳黎宣在位期间多次击退缅甸进攻，在1592年的大战中，大败缅军。缅军从此丧失了在150年内进攻暹罗的能力。

❀ 三、阿瑜陀耶王朝后期

1605年，纳黎宣逝世，其弟厄迦陀沙律王继位。随着经济的发展、西方国家进入所带来的社会变革、奴隶的多次起义洪流和帝王的奢靡生活，后期的阿瑜陀耶王朝逐渐走向没落。1764年12月，缅王孟驳进攻阿瑜陀耶，将阿瑜陀耶城围困达14个月。1767年4月7日，缅军大炮轰破城墙，攻入城中大肆抢掠，焚烧房屋、寺院和皇宫。阿瑜陀耶王朝灭亡。

第五节　　吞武里王朝

阿瑜陀耶王朝灭亡后，国家四分五裂，各大地区封建地主称雄。

当时的割据势力包括那空沙旺和彭世洛的銮候，统治难府、帕府的僧侣封建主长老，统治六坤城的封建地主（自号"穆锡卡王"），原阿瑜陀耶波隆阁王庶子吉多罗等，以及在阿瑜陀耶城周围彭世洛、素可泰、甘烹碧、碧差汶等地的盘踞势力。原阿瑜陀耶王朝残余部队逃亡至东南沿海一带，积蓄力量。最终，在披耶达信的带领下，暹罗人民驱逐了缅甸军队，光复了国家。披耶达信统一各部政权，最终建立吞武里王朝。

披耶达信，祖籍中国广东省澄海县华富村，有二分之一的华人血统，中国名字为郑信，泰国名字为达信。其父郑镛在清雍正末年南渡暹罗谋生，后在阿瑜陀耶城以揽赌税发家。达信幼年，其父去世，达信被阿瑜陀耶财政大臣昭披耶节基收为义子，成年后入宫御侍，后被升职至披耶，封达府侯。阿瑜陀耶后期，因王室昏庸，披耶达信带部远离皇都，并在泰东南一带训练军队。1766年年末，阿瑜陀耶深陷泰缅战争时，披耶达信奉命抗击缅军。后来披耶达信多次组织抗缅战争，击退追兵，缴获缅军的武器弹药，得到一些地方官吏的支持与拥护。1767年2月，披耶达信自立为王，继续北上抗击缅军，后来攻破罗勇、尖竹汶和达叻城等地，巩固了东南沿海地区的稳定，充盈了军需粮草。1767年10月，披耶达信率一百艘战船，挥师北上，驱逐缅军，最终取得了胜利，夺回了阿瑜陀耶城，暹罗重新独立。1767年12月18日，年仅38岁的披耶达信被部署拥立为王，在吞武里建立泰国第三个封建王朝——吞武里王朝。披耶达信也被称为吞武里大帝、达信大帝。

阿瑜陀耶王朝末期，连年的战火使得阿瑜陀耶城附近的居民开始向泰国中部转移。同时，阿瑜陀耶王朝也组织了船队，对居民和财产向中南部进行强制性转移。因而，湄南河流域南部的大片荒地得到开发，粮食得到迅速充盈。湄南河流域中南部的一些城市更靠近出海口，十分便于大米等商品的出口。随着人口和物资的南迁，北部城市逐渐变得萧条，而红统、曼谷、暖武里等城市开始逐渐兴起。1534—1556年阿瑜陀耶王朝曾派人专门修建往来湄南河与吞武里小道间的水渠。1548年摩诃·查克腊帕王时期，吞武里发展成为暹罗重要的沿海城市之一。那莱王期间曾在吞武里的一些较大的岛屿上修建炮台、装备大小枪支，并训练了一支配备葡萄牙先进武器、按照西式海军训练的精锐海军队伍，以保卫沿海安全。1767年披耶达信取得了对缅战争的胜利，光复暹罗后，认为原先的旧都阿瑜陀耶城损毁严重，难以修复，遂决定将皇都迁移至地产丰富且军事基础优良的吞武里，重建新都。

　　吞武里王朝仅仅存在了15年就被曼谷王朝所代替，里面包含着许多必然的历史原因。首先在吞武里王朝建国初期，国家与缅甸的民族矛盾已经转化为国家阶级间的内部矛盾。吞武里王朝继续沿用阿瑜陀耶王朝后期的统治方式，使得官场贪污现象横生，民不聊生，农民起义不断。连年的征兵、服役以及赋税使得民众不堪重负。此外，代表着小资产阶级利益的达信政府与封建旧贵族之间不可调和的利益冲突愈演愈烈。错误的宗教政策进一步激化了僧侣之间的矛盾。达信的暴躁性格在一定程度上也丧失了众人的支持。1782年，朝内爆发军事政变，达信被罢黜，后被处死。

第六节　　却克里王朝（曼谷王朝）

　　吞武里王朝灭亡后，1782年4月，披耶却克里自立为王，并将首都从吞武里迁至曼谷，开创却克里王朝，又称曼谷王朝。第一任国王为拉玛一世王。拉玛一世王原名通銮，阿瑜陀耶王朝破灭后于1768年投奔达信麾下，在驱逐缅甸侵略战争中立下汗马功劳，在吞武里王朝后期被封为昭披耶却克里，执掌吞武里王朝的军政大权。

　　拉玛一世王在位期间极大地恢复和发展了封建中央集权的政治制度和社会结构；树立国王不可侵犯的权威，国王不仅是封建社会的最高统领者，还是国家的化身，国王及皇族被抬高至神明的位置；建立了更为繁冗的皇室礼仪，以凸显皇室的尊贵地位；迁都曼谷，并仿造阿瑜陀耶王朝时期的皇室建筑风格，修建极度富丽的皇宫和宫外的皇家寺庙；恢复与完善"萨克迪纳"土地制度，国王是全国土地的所有者；授予皇室成员爵位，根据血缘亲属关系划分土地；封国王同胞兄弟为乌巴腊，即副王，地位仅次于国王，封地10万莱。皇子分为三个等级，即皇后之子为"昭法"，皇妃之子为"帕翁昭"，皇孙为"蒙昭"，分别封田2万～5万莱、4 000～7 000莱、1 500莱。其他贵族则被授予昭披耶、披耶、帕、銮、坤、汶、攀等爵位，分封土地。曼谷王朝初期，对奴隶和平民"派"阶级的管理规定为每个"派"在婚前可以得到15莱土地，婚后增至25莱。但每个奴隶和"派"必须依附于拥有超过400莱以上土地的封建主，被称为"入籍"。每个"派"需要在战争时期应征出战，在和平时期则定期服务其附庸的领主和国家。入籍的"派"，每年需向所属的领主、更高爵位的官员分别缴纳土地上的收成。后为缓解对"派"的压迫，拉玛一世王将每个"派"服劳役的时间缩短为4个月。奴隶分为可赎身奴隶和不可赎身奴隶，被允许买卖，较好人家的奴隶可免服徭役。

在中央行政组织方面，却克里王朝基本沿袭了阿瑜陀耶王朝时期的行政组织形式，设立了6个部：军务部、内务部、财务部、宫务部、政务部、农务部。这6个部的部长均由皇室亲王担任。除6个部外，还设有宗教厅、皇家训象厅、宫廷安全厅和皇库。此外，国王亲信和皇室成员被委任至全国行省担任政权的主官。

在社会经济上，由于国家的安定和统一，国内的经济逐渐开始好转。随着新的农垦区的开拓，大面积作物种植已逐渐出现，主要集中在湄公河三角洲的平原地区。水稻为泰国最重要的农业产品，已出现专业化种植。而在曼谷、北柳、尖竹汶等地还出现了为满足国际市场需求而生产的烟草、棉花、甘蔗、黑胡椒等经济作物。此外，手工业在这一时期也得到了较快的发展。在湄南河流域地区，蔗糖、榨油、酿酒等作坊如雨后春笋般出现，并逐渐朝着专业性的作坊转变。纺织、制盐、金属冶炼等工业也逐渐兴旺起来。这个时期的农业和手工业还未完全分离，手工业大都未超出家庭工业的范围，但已出现了专门收购农产品的商人。在对外贸易方面，曼谷已成为国内重要的贸易中心和商品集散中心，而东北部的呵叻和南部的六坤则是仅次于曼谷的贸易点。皇室完全垄断贸易，财政部下属的皇库官吏负责对外帆船贸易，对国王负责。主要贸易出口国为中国。

在宗教方面，却克里王朝专门设立国家宗教事务厅，管理全国宗教活动。拉玛一世王登基后，连续颁布7个有关暹罗佛教的法令，对佛教僧职级别进行调整。1788年，全国著名佛教僧侣大会在曼谷召开，共同修订佛经。拉玛一世王对不服从国家政权的寺院和僧侣免去"僧衔"，并罚他们做苦工。为宣扬佛法，曼谷王朝初期修建了诸多佛寺，如明珠皇寺、大佛骨寺、圆满寺等。

拉玛一世王时期，缅甸依旧为暹罗在中南半岛地区最大的对手。1785年，缅甸雨季过后，缅王孟云下令10多万缅军攻打暹罗，并从北面、西面和南面的陆路及水路进犯。此时的暹罗首都曼谷尚未建设完成，无法抵御缅军猛烈的进攻。缅军一面从背面来袭，另一面从南面包抄。暹罗南面防御体系较弱，缅军便从马来半岛上登陆，直逼曼谷。此次战斗中，暹罗共出兵10万人，战马1 000匹，战船15艘。后副王乌巴腊带领暹罗军队，经克拉武里城、拉廊、春蓬、猜亚、洛坤，后乘船至达瓜通、达瓜巴，转而攻击普吉岛，最终将从南面来袭的缅军驱逐出暹罗。缅甸败军最终返国。

拉玛四世王蒙固是泰国历史上第一位接受西方思想影响的国王。他精佛学，重科学，知识渊博，并与西方多国建立了外交关系。1855年4月18日，泰英签订《英暹通商条约》（又称《鲍林条约》）。拉玛四世王对英国做出了诸多让步，企图获得西方国家的友好对待，却因此彻底打开了泰国的国门，丧失了国家的主权。泰国逐渐成为欧洲列强的商品市场和廉价的原料供应地。

拉玛五世王朱拉隆功于1868年即位。拉玛五世王以西方为师，对泰国社会进行了大规模的改革，并加速了泰国社会的现代化进程。

1874年，朱拉隆功革新顾问制度，下诏设立参议院，协助国王处理政务，把中央原来的6个部改组扩大为12个部；建立了新式法院，制定刑事法和革新民事法，废除传统的酷刑制度；取消了原来的内务大臣和军务大臣这两个总理大臣的职务，各部的首脑一律称为大臣；到1908年，把原来的12个部改成10个部，将作战部和御玺部降为厅一级的机构，各部都有明确的分工，从而成为泰国现代行政组织的雏形；取消了封爵授田的封建制，改为发放薪俸，地方官员统一由中央任命和调动。一套近代化的国家制度建立起来了。

朱拉隆功在地方上实行三级管理，暹罗全国分为18个行省，省下设县，县下设村。行省由中央委派的专员直接管辖，县长听命于省专员，村长受制于县长。这样一来，就把地方的封建势力和边远的藩属土邦都纳入全国的行政系统中，大大加强了中央的集权。

1873年，朱拉隆功成立了税务厅，颁发保护税收条例，统一规定了全国的税率，严格管理中央各部的税务工作；废除了由国家召人包揽的办法，由政府派官员直接收税，从而有效地制止了各种偷税漏税的不法行为。

19世纪中期，泰国法律规定和确立了私人土地所有制，允许土地私人买卖。国家征收货币土地税并不断降低土地征税率。土地税的征收是根据土地面积的大小而不是根据谷物的收成核定的，这就使国家的收入十分稳定，再加上从19世纪80年代中期起开垦耕地面积的不断扩大，国家的土地税收大大增加了。

泰国将"萨克迪纳"制度改为俸禄制。随着"萨克迪纳"制度的取消，1874年，朱拉隆功颁布了解放奴隶子女的法令，规定凡是在1868年他加冕以后出生的奴隶的身价将重新规定，这些奴隶在年满21岁时，便可成为自由民。1900年他又颁布了法令，规定西北部地区要逐年减少战俘和债务奴隶的身价，这些奴隶在年满60岁时，便可成为自由民。1904年，他再次颁布了法令，规定东部地区奴隶的身价将逐月减少4铢，到自动赎完他们的身价为止。1905年，他颁布法令，规定所有的奴隶子女一律成为自由民；所有奴隶的身价，每月一律减少4铢，直到其减完全部身价而成为自由民；一律禁止买卖奴隶，违者将处以一至七年的徒刑或者罚款100～1 000铢。

朱拉隆功按西方建制改革军队，制定军事条例，发给将士固定的薪俸。1868—1887年，他对保卫王室的军事力量进行了整顿和加强。1887年以后，面对法国的武装入侵，他大力加强保卫国家的武装力量，改编和扩充了陆军，配备了新式武器；在丹麦人里舍尔的帮助下，他建立了一批军校，并重点加强了海军的建设，创建泰国的海军并自建战舰，并于1893年成立了国防部。1904年，他制定征兵条例，到1910年，泰国军队共有9个师5.4万人。

随着国际政治的波动与国内各类政治势力的斗争接连不断，1932年6月24日，泰国爆发了民主革命，泰国拉玛七世王被剥夺实权。泰国政治体制转变为君主立宪制。1945年，拉玛八世王遭遇枪击驾崩。1946年，拉玛八世王的胞弟普密蓬即位，被尊为拉玛九世王。拉玛九世王在位期间政变频繁，泰国社会时常处于不稳定的动乱之中。普密蓬国王学识过人、多才多艺。他精通多国外语并撰有专著，能讲流利的法语和德语；他热衷音乐并擅长作词作曲，他作词作曲的歌曲一直传唱至今，他还获得过奥地利音乐学院的音乐博士学位；他喜好摄影并多次出国举办个人影展；他深谙机械并获得多项欧洲发明奖；他是快艇和风帆好手，年轻时曾代表泰国参加国际快艇赛并得过奖牌，他还曾驾驶风帆横渡泰国湾。他在位期间，足迹遍及泰国各个角落，广受泰国人民爱戴。普密蓬国王生前积极推动泰中关系，曾接待过多位到访泰国的中国领导人。在政治领域，拉玛九世王在政治斗争中成功地维护了泰国的皇室地位，巩固了泰国的皇室权威，并在泰国人民心目中树立了至高无上的君神地位。2016年10月13日晚7点，泰国王室宣布普密蓬于下午3时52分驾崩，享年88岁。在普密蓬国王统治泰国的70年间，泰国共发生了20次政变（其中15次政变成功），35位总理相继组建了50届内阁。2016年11月29日上午，泰国国家立法议会主席蓬佩宣布，泰国王储哇集拉隆功继承王位，为泰国新君王拉玛十世。

第三章　政治

第一节　国家标志

一、国旗

　　泰国现行国旗是由国王拉玛六世于1917年9月28日设计的。旗面由红、白、蓝三色组成，由红-白-蓝-白-红五条横带组成，蓝带比红、白带宽一倍。红色象征国民；白色原指南传佛教，后泛指宗教；蓝色则意指王室。红色代表民族和象征各族人民的力量与献身精神。泰国以佛教为国教，白色代表宗教，象征宗教的纯洁。泰国是君主立宪政体国家，国王是至高无上的，蓝色代表王室。蓝色居中象征王室在各族人民和纯洁的宗教之中。

❀ 二、国徽

泰国国徽造型取自印度教三大主神之一的保护神毗湿奴的坐骑迦鲁达（大鹏金翅鸟）。印度教和佛教典籍记载迦鲁达是一种鹰面人身的神鸟。

在泰国的国徽造型中，迦鲁达头顶金色宝塔，裸露的颈部、手臂和手腕都戴着光彩夺目的金色饰品，两臂弯举，手掌外翻，构成泰国古典传统舞蹈的造型。泰国许多政府机构部门都将迦鲁达运用到官员的徽章上。此外，迦鲁达还象征着"受皇室任命、指派"的意思。一些获得杰出的经济成就或在慈善事业方面贡献卓著的公司机构，经由皇室颁授并悬挂在本机构主建筑之上。

❀ 三、国花

泰国的国花为金链花，其黄色的花瓣象征泰国皇室。金链树的寿命很长，也很高大，有的甚至可长到15米高，树干表面光滑，树皮为浅灰棕色，叶子则一丛一丛地聚在一起。每当旱季来临时，一串串瀑布般的黄花便开满整个树枝，尤其每年的2月到5月，整棵树只见黄花绽放，而5月至6月当花朵渐渐凋零时，树上便结满长串的深黑色种荚。自古以来，金链花常用于泰国各种大型祭祀、庆祝活动之中。军队外出作战也常在军旗上方插上金链花，寓意旗开得胜。

第二节　宪法

1932年经泰国曼谷王朝拉玛七世王御准，泰国颁布了临时宪法。同年12月10日，该临时宪法经修订后正式公布为泰国首部宪法。直至1946年，泰国宪法再经修订，正式确立了国家实行三权分立制度，即立法权归属国会、行政权归属内阁、司法权归属各级法院，国王为国家元首的政治体制。从首部宪法颁布至今，泰国陆续颁布了20部宪法。每次政变发生后，几乎都伴随着新宪法的诞生。1997年颁布的宪法被称为历史上最为民主的"人民宪法"，但它同样于2006年9月在军事政变令后被迫终结，以至于政治学家和历史学家均认为泰国是使用宪法最"浪费"的国家。

现行宪法为泰国第二十部宪法，在2016年8月7日的全民公投中获得通过，同年11月初，由巴育内阁提交国王签署。泰国国王拉玛十世哇集拉隆功于2017年4月6日在曼谷律实宫签署新宪法。除序言外，新宪法全文分为十六章，共279条。

第一章"总纲"（第一至五条），规定泰王国是一个不可分割的统一国家；采用国王为国家元首的民主政体（即君主立宪制）；国家的主权属于人民，国王根据宪法通过国会、内阁和法院行使权力；泰国公民不论种族、宗教信仰和性别，其人身权利、自由、平等和尊严都受到宪法保护；宪法是国家最高的法律，任何法律、法规或规章的制定都不能与之抵触。

第二章"国王"（第六至二十四条），规定国王是国家的象征，国王享有不可冒犯的地位，任何人不得指控或追诉国王；国王是佛教徒并支持各种宗教；国王至高无上；国王应建立和维护王室的形象；国王挑选且御准一名具备声望之士为枢密院主席，并组建人数不超过十八人的枢密院；摄政王的产生、职责、辞职；王室公职人员的管理；王位继承等。

第三章"公民的权利与自由"（第二十五至四十九条），就公民具有的权利和自由进行规定，其中包括总纲、平等权、生命健康权、使用司法程序维护正当权益的权利、信仰自由的权利、维护个人及家族名誉权、言论及出版自由权、信息自由权、财产权与继承权、人身自由权、居住自由权、领事保护权、职业自由权、集会与结社自由权、维护和平的自由权、成立政党参与政治生活的权利、消费者权益受到保护的权利、公共健康权、孕期妇女受保护的权利，以及维护宪法、国家和元首的权利等。

第四章"公民的义务"（第五十条），规定泰王国公民有保卫国家、宗教、国王和以国王为国家元首的整体体制；维护国家尊严、国家利益及国家公共财产，包括协助参与防灾减灾工作等；严格遵守法律；接受义务教育；自觉服兵役；尊重且不侵犯他人的自由和权利，不从事分裂及仇视社会之事；为国家利益，参与国家公投，行使公民权利；合作、支持自然环境、自然资源，保护生物物种及文化遗产多样性；依法纳税；不以任何形式参与或支持腐败行为的义务。

第五章"政府职责"（第五十一至六十三条），包括维护君主立宪制、国家的主权和领土完整，维护国家尊严和国家利益不受侵犯，维护政府团结和公共秩序，收集军事、外交等信息工作；政府须确保法律的实施、遵守和严格执行；确保国家义务教育的实施、推动各级教育事业推广、建立教育基金、培训教师；提供公共卫生服务、推动医疗保健和疾病防控及泰国医药事业的发展；推动国家基础设施建设和公共事业发展；保护发展国家及地方艺术及文化风俗习惯，保护自然、生态环境和生物多样性；有关影响自然资源、环保，有损民众健康、生活质量等重要利益的项目，政府需要举办听证会听取社会意见；政府必须公开除影响国家团结与国家机密外的法律所允许公布的相关执政的数据及信息；政府保证公民合法使用无线卫星和频率的权利；建立有效的消费管理与维权的标准与机制；确保财政管理规范与合法；预防、打击国家机关部门及私人领域的腐败行为等。

第六章"国家政策原则"（第六十四至七十八条），依次为总纲，外交原则政策，宗教原则，司法政策原则，科学、技术、艺术政策原则，民族政策原则，国民居住、公共卫生与体育政策原则，土地、水资源与能源政策原则，农业发展政策原则，国民工作权益保障政策原则，经济发展政策原则，行政政策原则，法律制定原则，维护国家体制原则，治理腐败原则。

第七章"国会"（第七十九至一百五十八条），依次为总纲、下议院、上议院、两院适用条款、国会联席会议。

第八章"内阁"（第一百五十九至一百八十三条）。

第九章"国家利益"（第一百八十四至一百八十七条）。

第十章"法院"（第一百八十八至一百九十九条），依次是总纲、司法法院、行政法院、军事法院。

第十一章"宪法法院"（第二百至二百一十四条）。

第十二章"独立机构"（第二百一十五至二百四十七条），依次为总纲、选举委员会、行政申诉官、国家肃贪委员会、国家审计委员会、国家人权委员会。

第十三章"检察机关"（第二百四十八条）。

第十四章"地方行政部门"（第二百四十九至二百五十四条）。

第三节　主要政党与社会团体

泰国是实行多党制的国家。1932年革命爆发的推动者比里·帕依荣和一批曾留学西方、受"议会思想"影响的年轻人一道，创立了泰国第一个政党——"人民党"。1946年，泰国宪法第一次允许人民组织政党，随后泰国政党如雨后春笋般出现。之后因军人政府的多次打压与取缔，泰国政党的发展一度萎靡，后在1974年10月，新政党条例公布后得以重新恢复生机。著名的政党组织有民主党、泰国党、泰爱泰党、人民力量党、为泰党等。

1. 民主党

民主党成立于1946年，是泰国历史上最为悠久的政党之一，倡导人民民主，执行稳健的自由经济政策，维护泰国中产阶级的利益。民主党支持拉玛九世王普密蓬提倡的"知足经济"。民主党创始人为1932年6月24日发动政变后建立君主立宪制的"人民党"重要成员之一宽·阿派旺。1948年1月的下议院选举中，民主党获得53票，成为国会下议院第一大党。1951年11月29日，銮披汶发动"自我政变"，解散政党，民主党停止活动。1955年9月，泰国政府颁布政党条例后，民主党重新恢复活动，此时全国的党员达10万余人。1969年2月的下议院选举中，民主党获得57票成为下议院的第二大党。1971年在他侬发动的政变中，各类政党被迫解散，民主党再一次停止活动。1973年他侬政权下台后，民主党再次恢复活动，并在1975年1月的下议院选举中再次成为下议院的第一大党。同年2月21日，民主党与社会农业党组成联合政府，民主党主席社尼出任政府总理。在1976年4月的下议院选举中，民主党获114席，成为下议院的第一大党。在1979年4月的下议院选举中，民主党获得34席，降为下议院的第三大党。1980年3月，国防部长、陆军司令炳·廷素拉暖出任政府总理，民主党成为执政党之一。1983年4月18日，下议院重新选举，民主党获得56席，仍为下议院的第三大党。1986年7月，下议院选举，民主党一跃成为下议院的第一大党，民主党主席披猜出任炳政府副总理。在1988年7月的下议院选举中，民主党获得48席，降为下议院的第三大党，披猜连任炳政府副总理。1989年，披猜因党内矛盾冲突辞去党主席一职。1990年，川·立派出任民主党主席。1991年泰国再次发生军事政变，全国政党活动被禁止。在1992年3月的国会下议院选举中，民主党获得44席，降为下议院的第四大党，并成为下议院的反对党。在1992年9月的下议院选举中，民主党恢复成为下议院的第一大党，党主席川·立派出任总理。在1995年7月的下议院选举中，民主党获得86席，成为下议院的第二大党，川·立派成为反对党领袖。在1996年的下议院选举中，连续成为下议院的第二大党。1997年，川·立派取代因金融危机下台的差瓦利·永猜裕出任总理。2001年，川·立派解散下议院，重新举行选举，民主党获得123票，但组阁不利，成为下议院的最大反对党。在2005年2月的下议院选举中，民主党大败于泰爱泰党，仅获得96个席位，民主党主席班雅·班塔探因此辞职，阿披实·威差栖哇接任民主党主席一职。2006年2月，他信·西那瓦宣布解散下议院，同年4月举行大选。民主党联合泰国党、大众党抵制下议院的选举。同年9月，泰国发生军事政变，宣布废除宪法，停止政党活动。2007年底，下议院重新举行选举，民主党获得164席，成为下议院唯一的反对党。民主党开办有刊物《民主报》。

2. 泰国党

泰国党成立于1974年11月，创始人是巴曼·阿滴列汕上将，其主要成员多为泰国大工商企业家。泰国党政治上主张维护君主立宪制下的民主，反对一切形式的独裁，支持民众参政议政；经济上致力于维护国家金融的稳定，推动农业的发展，增强金融服务水平，扩大出口；社会上主张提高妇女、儿童和老人的福利水平和公共卫生水平。1995年7月下议院选举中，泰国党获92个席位，成为国会第一大党，牵头组阁，党主席班汉任总理。在1996年11月的下议院选举中，泰国党获得39席，为反对党。在2001年的下议院选举中，泰国党获得39个席位，加入泰爱泰党联合政府。在2005年的下议院选举中，泰国党获得20个席位，成为下议院中仅次于民主党的第二大反对党。在2007年的下议院选举中，泰国党获得34个席位，参加联合政府。

3. 泰爱泰党

泰爱泰党于 1998 年 7 月 14 日成立，他信·西那瓦担任党主席。2001 年 1 月，泰爱泰党在全国下议院选举中获胜，他信当选泰国第二十三届总理。在 2005 年 2 月的下议院选举中，泰爱泰党获得 377 个席位，获得压倒性的胜利，蝉联执政，组成泰国历史上第一个由一党单独组阁的政府，他信连任总理。2006 年初，泰国爆发大规模反他信活动，他信被迫解散议会。同年 4 月 2 日，泰国提前举行下议院大选，在反对派的抵制下，泰爱泰党仍获得 55% 的选票，共 1 600 余万张。同年 5 月 8 日，宪法法院裁定本次下议院选举违反宪法，选举结果无效。同年 9 月 19 日，军方发动政变，推翻他信政府。随后，他信辞去泰爱泰党主席一职并流亡海外。2007 年 5 月 30 日，泰国宪法法院裁定泰爱泰党在 2006 年 4 月的下议院选举中舞弊罪罪名成立，判处解散泰爱泰党，且党内的 111 名成员 5 年内不得从政。

泰爱泰党在政治上主张建立两党制，经济上主张实行自由经济制度，大力扶植中小型企业发展，大力推行"民本主义"的思想。其推行的著名政策包括"30 泰铢医疗计划""仁爱住宅计划""扶贫计划"等。

4. 人民力量党

人民力量党于 1998 年 11 月成立。因 2007 年 7 月 28 日后，接收大量原泰爱泰党成员和高级干部，党内成员人数急剧膨胀。同年 8 月 24 日，人民力量党选举亲他信的前副总理、曼谷市市长沙玛担任人民力量党主席，原他信政府的发言人素拉蓬担任该党秘书长。2007 年 12 月泰国大选结果显示，人民力量党在下议院的 480 个席位中占 233 个席位，以压倒性获得大选胜利并组阁。获得大选胜利后的人民力量党遭到了泰国反对党的强烈反对。2008 年 12 月，泰国宪法法院裁定人民力量党在选举中存在舞弊现象责令其解散。随后，人民力量党内重要成员及其跟随者加入为泰党。

5. 为泰党

为泰党成立于 2008 年 9 月 21 日，前身是遭泰国宪法法院判决解散的人民力量党。其主要支持者是泰国中部、北部和东北部的普通中下层民众，创始人为班中萨·翁拉达那万。2011 年 7 月 3 日，泰国国会下议院选举投票显示泰国前总理他信的妹妹英拉·西那瓦领导的为泰党获得265个议席，并获得组阁权力，英拉·西那瓦出任泰国有史以来第一位女总理。

第四节　国会

国会是泰国最高立法机构，自1932年实行君主立宪制以来，历届国会均有一定的差别。《2017年泰国宪法》规定，泰国为既可以实行一院制也可实行两院制的国家，具体选择根据宪法的相关规定执行。现有国会由下议院和上议院组成，国会议员不可同时担任上下两院议员，并由下议院选出代表担任国会主席，上议院选出代表担任国会副主席。

国会下议院人数500人，议员任期四年。其中350名经由小选区直选产生，150名经由政党名单制分配产生。《2017年泰国宪法》对下议院的选举方式进行了更改，恢复《1997年泰国宪法》规定的小选区选制。具体的选区划分规则为：以全国为基础进行选区划分，平均分配350个下议院议员名额，选区划分的结果须在选举前一年年末对社会公布，每个选区有权利选举产生1名下议院议员。如果任何府的选民人数不足1个议席所需，则该府作为单独选区拥有1个议席；如果任何府的选民人数大于1个议席所需且符合增加1个议席所需人数，按照相关规定，该府可增加1个下议院选举议席。如果进行上述分配后，选举议席人数尚未到达350人，则根据各府增加议席后剩余人数的升降顺序进行议席的再分配，直至分配完成。当任意一府的选民人数超过1个席位所需时，自动分为几个与之相匹配的选区数量，并且选区必须连贯且不间隔。当选区可选举议员人数大于1人时，选举出的同一选区下议院议员不可为同一政党成员。

下议院议员候选人须具备以下资格：出生地和国籍均为泰国、年龄不低于25周岁。下议院议员候选人必须在选举日前隶属同一政党满90日，但在众议院提前解散的情况下，应隶属同一政党满30日。区域选举下议院议员还应符合下述条件，即在该选区户籍登记满5年或5年以上者；出生地为该选区者；曾在该选区入学就读满5年以上者；曾在该选区担任国家公务员满5年者。政党名单制则是指凡是符合参选资格的政党可参与政党选举。随后根据政党所得选票的比例分配150

个政党名单制席位，最后由各政党按照事先提交的候选人名单分配议席。《2007年泰国宪法》将政党名单制的功能弱化，议席降至80席。《2017年泰国宪法》除了将下议院政党名单制的人数增加外，对其选举方式也进行了更改。《2017年泰国宪法》改变了过去选区制选举和政党名单制选举分别进行，互不影响，两部分赢得的议席相加所得即为各政党在下议院的席位的方式。新的选举方式是以选区制选举的结果为基数，计算一党在议会中所得到的政党名单制的席位数，即用全国选区制所得的所有有效票数，除以下议院席位总数500，所得商即为每个政党名单制单位席位所需的基础单位数；然后用各政党所得的选区制选举所得选票除以基础单位数，最终结果则为其在下议院500席中拥有的政党席位数。值得注意的是，新宪法中强调参与政党名单制选举的政党，必须派人参与选区制选举，才可获得政党名单制的选举资格。当政党在选区制选举中所获得的下议院席位多于其在政党名单制选举所获得的席位时，则该党无权参与政党名单制选举席位的分配，其选区制所获得的下议院席位即为该党最终席位数。当在选区制选举中，投票或者弃权票数多于候选人的最高选票票数时，则该次选举结果无效，须重新举行选举且原候选人不可以再次参选。

《2017年泰国宪法》规定，上议院议员选举分为两个阶段。

第一阶段为自宪法公布之日起5年的过渡期阶段。上议院共有250个席位，由各军种最高指挥官组成的"维护国家和平与秩序委员会"（简称"维和会"）任命。上议院250席中，194席由"维和会"从上议院甄选委员会提名的400人中筛选，50席则从中央选举委员会推荐的200名各行业代表中筛选，6席则由三军司令、陆军司令、空军司令、海军司令、警察总署署长和国防部部长共同构成。

第二阶段，则为5年过渡期后。上议院席位数降至200席，组成人员为从县、府、国家各层级选择200位各行业代表，任期为五年。具体的选举方式，依照后续出台的《宪法上议院议员选举细则》执行。上议院议员候选人须具备以下条件：出生地和国籍为泰国，报名或参选之日年满40周岁；自申报之日止，宪法规定的上议院议员从事相关职业年满5年且具备相关知识、技能和经验者；出生地户籍为选区地、工作场地或其他法律规定的上议院议员应具备的与选地相关的地区。且不可为下列情况者：政府在职公职人员；现任下议院议员或至申请之日止，解除下议院议员资格不足5年者；政党成员；现任党派任职成员或至申请之日止离职或脱离党派不足5年者；现任总理职位，或申请之日止解除总理资格不足5年者；曾担任地方议员或地方行政管理人员且至申请之日止，离职不足5年者；非现任下议院议员、上议院政治议员、地方议员、地方行政管理者，以及在国家宪法法院或独立机构工作人员的父母、子嗣或伴侣；曾任上议院议员者。

第五节　皇室

　　1932年人民党政变后，泰国开始实行以国王为元首的君主立宪制。从第一部宪法颁布以来，泰国历部宪法都对国王的权力和地位做出明确规定，从法律上保证国王具有至高无上的地位和荣誉。国王根据国会决议任命国会主席和副主席，根据国会的提名任命总理，根据总理提名任命内阁成员，根据国会决议和内阁决议履行各种法律、条例和命令的审批手续。所有法律的生效都必须得到国王的批准，国王对法律和法规草案有一定的否决权。必要的情况下，国王还拥有对政府、国会和法院以及其他组织机构进行建议和警示的权力等。以拉玛十世王为首的泰国王室在国内拥有极高的地位，深受国民尊重，在公共场合国民不得妄议君主与皇室。

❧ 一、重要的王室成员

1. 现任国王玛哈·哇集拉隆功

　　国王玛哈·哇集拉隆功，1972年被立为王储，2016年12月1日继位，为拉玛十世王。哇集拉隆功是泰国拉玛九世王普密蓬·阿杜德和诗丽吉王后唯一的儿子、泰国皇家空军上将、皇家禁卫军第一师禁卫团团长。1952年7月28日，玛哈·哇集拉隆功出生在曼谷的泰王皇宫中。玛哈·哇集拉隆功曾在美国、英国、澳大利亚等国接受教育，还受过各种军事训练，包括驾驶直升机和喷气式战斗机以及跳伞等，并持有喷气式战斗机飞行员的资格证书。

　　哇集拉隆功国王有过四次婚姻。1977年，他与自己的表妹、王后的侄女颂莎瓦丽·吉滴耶功结婚，20世纪80年代离婚。两人育有一女——

帕差拉吉滴雅帕公主。帕差拉吉滴雅帕公主曾于2012—2014年任泰国驻奥地利大使。1994年，哇集拉隆功与演员尤瓦提达结婚。两人共有四子一女。1996年，尤瓦提达带五位子女出走英国，哇集拉隆功撤去尤瓦提达和四个儿子的王室封号，仅将女儿西丽万那瓦里带回泰国封赐公主。2001年2月10日，哇集拉隆功与蒙西拉米·玛希敦·纳·阿瑜陀耶成婚，他们的儿子于2005年4月29日出生。2014年底两人离婚。2019年5月1日，哇集拉隆功国王册封素蒂达为王后。

2. 拉玛九世王普密蓬·阿杜德

拉玛九世王普密蓬·阿杜德于1927年12月5日在美国出生，1946年6月9日即位，1950年5月5日加冕，2016年10月13日驾崩，享年88岁。拉玛九世王为世界上在位时间最长的君主。拉玛九世王在泰国有着极大的影响力，备受泰国人民的尊重和爱戴。普密蓬国王多才多艺，音乐造诣极高，语言能力超群，掌握英语、德语、法语等6门欧洲语言。他热爱体育运动，曾代表泰国参加第四届东南亚运动会，并获得风帆金牌。1988年，拉玛九世王获授被誉为"亚洲诺贝尔奖"的"拉蒙·麦格赛赛奖"。农业方面，拉玛九世王于1994年提出"新理念"模式，倡导自给自足的发展道路。1997年，他提出"知足经济"哲学，倡导适度、稳健、以人为本的发展道路。"知足经济"得到泰国社会的广泛认可，并写入泰国第九个（2002—2006）和第十个（2007—2011）国家社会经济发展计划的指导原则，后被收录至泰国宪法之中。拉玛九世王十分重视泰国的农业发展，亲自在曼谷王宫内创办了奶牛场，种植了试验田；倡导并亲自捐资设立皇家开发项目，开辟示范林区和水稻试验田，开展中小型农业科研试验，为提高泰国农民种植水平和增加农民收入起到了示范作用。2000年，第四十九届科技发明奖博览会上，普密蓬国王设计的治理废水充气式水车获"世界杰出发明奖""优秀研究成果奖"。2006年，联合国开发计划署授予拉玛九世王"人类发展终生成就奖"，以表彰他在位期间为改善泰国人民生活做出的卓越贡献。2007年1月，世界知识产权组织将首届"全球领袖奖"授予拉玛九世王。

拉玛九世王普密蓬在泰国拥有极高的政治影响力。过去的几十年里，泰国发生了多次军事政变和政治动荡，普密蓬国王往往发挥其关键影响力，平息了动乱。

3. 拉玛九世王王后诗丽吉·吉滴耶功

拉玛九世王王后诗丽吉·吉滴耶功 1932 年生于曼谷，其父蒙昭纳卡·吉滴耶功是泰国拉玛五世王朱拉隆功之孙，其母是蒙隆波·吉滴耶功。诗丽吉王后为拉玛九世王之妻，拉玛十世王之母。1950 年 4 月 28 日她同普密蓬国王结婚，育有四个子女：乌汶叻公主、玛哈·哇集拉隆功王储、玛哈·扎克里·诗琳通公主、朱拉蓬公主。她长期从事社会福利工作，积极参与慈善活动。诗丽吉王后曾跟随普密蓬国王走访过泰国的 70 多个府，设立了诸多促进农业发展的项目。国王在出家剃度期间，诗丽吉王后曾担任摄政王。

4. 乌汶叻公主

乌汶叻公主于 1951 年 4 月 5 日出生于瑞士洛桑，是拉玛九世王普密蓬·阿杜德和诗丽吉王后的长女。乌汶叻 1973 年毕业于美国麻省理工学院，毕业后与美国人彼特·詹逊结婚，并移居美国而放弃公主的身份。其婚后育有三个子女。1999 年 2 月乌汶叻公主离婚，携子女回到泰国，得到王室的许可恢复了公主的身份。

5. 诗琳通公主

诗琳通于 1955 年 4 月 2 日出生，是泰国普密蓬国王的次女。诗琳通公主天资聪慧，在 1968 年的小学毕业考试中取得了全泰国第一名的好成绩，高考以总分全国第四名的成绩考入泰国最高学府朱拉隆功大学语言文学系。大学期间，她选修泰文学、历史、巴利文、梵文等专业。1976 年她毕业于朱拉隆功大学，获语言文学学士学位证书和连续四年全系考试第一名的金质奖章。1979 年，她获得朱拉隆功大学东方语铭文专业硕士学位，1986 年又获得诗纳卡林威洛大学教育发展学专业博士学位。1979 年 12 月 5 日诗琳通被封为女王储，封号为"玛哈却克里公主"，享有王位继承权。

诗琳通公主是泰国著名的国务活动家，经常跟随拉玛九世国王和王后到泰国各地巡视，协助普密蓬国王和诗丽吉王后进行慈善活动，代表国王出席重要的国事活动和仪式。她曾出访多个国家，五大洲都留下了她访问的足迹。诗琳通公主自 20 世纪 80 年代初开始学习中文，几十年如一日，至今从未间断。20 世纪 90 年代，诗琳通公主曾在北京大学进行学习研修，被授予名誉博士学位。1981 年至 2017 年，她先后 42 次访问中国。由于长期不懈地为中泰友好做出了积极贡献，她曾先后获授"中国语言文化友谊奖""理解与友谊国际文学奖""中国缘·国际十大友人"等荣誉称号。此外她还受聘为武汉大学、广西民族大学、华侨大学、四川大学、成都大学、西南大学、山东大学等中国多所知名高校的名誉教授。2019年，诗琳通公主被中国政府授予"友谊勋章"。

6. 朱拉蓬公主

朱拉蓬于1957年7月4日出生于曼谷，是泰国国王拉玛九世普密蓬·阿杜德和诗丽吉王后的幼女。朱拉蓬1979年毕业于泰国农业大学化学系，1985年获玛希隆大学化学博士学位，之后留学德国与日本。1982年她与泰国空军军官威拉育·迪亚萨林结婚，婚后获得国王特别批准，保留了王室公主的身份。她婚后育有两女，但这段婚姻最终以离婚结束。

二、枢密院

国王挑选且御准一名有声望之士为枢密院主席，并组建人数不超过十八人的枢密院，枢密院主席有向国王提供建议、咨询等义务。国会主席副署国王任命或解釜枢密院主席御令诏书，内阁总理负责公布国王任命或解除枢密院大臣御令诏书。枢密院大臣不可为国会下院议员、上院议员或从事任何与政治有关的职务如宪法法院法官，不能在独立实体企业任职，不得为国企员工，不得负责政府其他工作，不得为政党成员或负责人。

第六节　政府

一、内阁的组成

内阁为泰国的中央政府机构，内阁行使行政权力，并向议会负责。内阁包括总理、副总理、政府各部部长和副部长。内阁成员由总理提名，人数不得超过35人，由国会主席呈报国王御准。正常情况下，每届内阁任期为四年，最多不可超过八年。《2017年泰国宪法》第一百六十条规定，内阁成员要求具备以下条件：出生地和国籍均为泰国；年龄不小于35周岁；大学本科以上或同等学力者；忠诚可靠；无严重违反或触犯道德原则者；没有宪法所禁止的行为；未曾被判刑，包括正在审判中的受起诉者或缓期执行者，但犯疏忽罪和轻微罪者除外。

新宪法第二百七十二条明确规定，在5年过渡期内，任何人只要是符合宪法规定的候选人，不必隶属于任何政党，不必拥有下议员资格，都可被推举为泰国总理，成为"非民选总理"。但如果不采用政党推送的总理候选人名单，推举非议员出任总理则有明确的条件：（1）不少于二分之一以上的国会议员（上院议员和下院议员）联名否决政党总理候选人名单；（2）不少于三分之二的国会下院议员投票通过，同意否决政党总理候选人名单；（3）不少于十分之一的国会下院议员联名提出新的总理候选人。内阁成员离任条件有：死亡；辞职；下议院通过不信任案；不具备宪法规定的资格或宪法所规定的其他条件；被国王免职。

✿ 二、政府机构

泰国政府行政机构依据宪法规定组成。几十年来泰国政局多变，宪法也经数次修改。现行的2017年宪法规定政府内阁组成人数不得超过36人，但未对具体部委设置做出限定。除总理外，设副总理5位（其中2位副总理兼任部长），部长17位，副部长16位。本届政府于2019年7月10日经哇集拉隆功国王御准后宣布成立，前总理巴育·詹欧差再次出任总理。现政府行政机构即中央各部门构成如下：总理府、国防部、财政部、内政部、外交部、农业与合作社部、交通运输部、工业部、商业部、自然资源与环境部、能源部、教育部、文化部、公共卫生部、司法部、劳工部、社会发展与国民安全部、旅游与体育部。撤销信息技术与通信部和科技部，组建数字经济与社会部、高教科研与创新部。各部下设若干司局，司局下设处，有的部门处下设科室。地方行政机构划分为府（省）、特别市、县、村。

1. 总理府

总理府和内阁负责国家经济、社会、政治、安全等方面的发展规划和重大政策的制定，负责审定国家预算、国家投资政策，规定政府政务工作评估等事务。总理府下设总理秘书处、内阁秘书处、次长办公室、公共关系厅、国家情报处、预算处、国家安全委员会办公室、司法委员会办公室、文官委员会办公室、政务系统发展委员会办公室、国家经济与社会发展委员会办公室、保护消费者委员会办公室、对关外系局等。

2. 国防部

国防部是主管国家国防事务的政府行政部门，负责维护国家的安全稳定，抵御国内外的安全威胁，维护国家利益，维护君主立宪制度。国防部负责制定国防建设的方针、政策，组织国防计划的制订与实施，发展为维护国家安全与军队资源的工业事务，支援国家发展。国防部下设部长办公室、次长办公室和泰国皇家部队三个部门。国防部部长和国防部次长由文官担任，现役军人不能担任国防部部长一职。泰国皇家部队由四部分组成，即泰国武装部队最高司令部、泰国陆军、泰国海军和泰国空军。国防部不直接统帅三军，而是通过国家武装部队最高司令部进行号令。

3. 财政部

财政部主要负责国家公共财政、政府预算管理、提供财政经济政策建议、国有资产管理等。此外，财政部还为泰国政府机构、金融机构和国有企业提供贷款担保，并负责管理泰国国家财政收入的征收等。财政部下设部长办公室、次长办公室、财政厅、中央会计厅、海关署、国税厅、国企政策委员会办公室、公共债务管理办公室、财政政策办公室。另外，财政政策办公室下设三个独立的小部门，即国家财产管理组、国家收入管理组、支出与债务管理组。

4. 内政部

内政部的主要职责为管理地方行政事务，促进地方政治发展，维护社会治安，保卫国家内部团结与安全，促进民众就业，提升民众生活质量，开展城市建设与城市规划等。内政部下设部长办公室、次长办公室、行政厅、社区发展厅、土地管理厅、防灾减灾厅、市政工程与城市规划厅、地方管理促进厅，以及水、电供应的国有企业。

5. 外交部

外交部成立于1875年4月14日。昭帕耶帕努翁为第一任外交部部长。泰国外交部的成立正值拉玛五世王亲政初期，随着泰国与外国交往日益增多，成立一个专门处理对外事务尤其对西方国家关系的部门已显十分重要。外交部是泰国最初建立的四个政府部门之一。

现在泰国外交部的职责和任务是：（1）作为泰国政府的代表出席国际会议，进行国际事务谈判。在双、多边国际场合维护和促进泰国国家利益，并参与国际规则的制定。（2）贯彻实施国家总体外交方针政策。向政府和有关部门提供外交战略、政策策略、国际法等咨询意见和建议。（3）保护和促进海外泰国人的正当合法权益，以及为人民提供领事服务。（4）学习借鉴国际经验，为国家经济社会发展服务。（5）在国际上树立对泰国的信任和良好形象。（6）为外交提供保障支持，做好对外礼宾和有关规则制定。（7）推动实施对外双边、多边的发展合作。（8）向各部门和民众传授外交知识，提供认识水平。（9）做好与各部门和单位在外交工作上的协调。（10）搞好内部建设，使之高效、公正地履行职责。

现在泰国外交部机构组成：部长办公室、次长办公室，礼宾司、欧洲司、国际经济司、条约与法律司、新闻司、国际组织司、美洲与南太司、东盟司、东亚司、南亚中东非洲司、领事司、国际合作司。其他为若干主管行政、财务、人事、安全、政策规划、审计、反腐等司局和处室。

6. 农业与合作社部

农业与合作社部为主管全国农业生产的行政部门。农业与合作社部负责全国农业水资源的开发利用与灌溉水利系统的建设发展，推动国家农业和农业发展体系的进步与完善，监管全国的农业发展与农产品的生产。其职能分为农产品生产促进、生产资料管理、合作促进农业发展与合作制度等方面，下设水稻厅、渔业厅、畜牧厅、农业技术厅、林业厅、水利厅、人工降雨与农业航空技术厅、土地发展厅、农业土地改革处、农业审计厅、农业推广厅、农业合作社促进厅、农业与合作社部次长办公室、国家农产品与食品标准办公室，及农业经济厅等。

7. 交通运输部

交通运输部负责全国的公路、铁路、民用航空、江河及海洋航运事务，以及规划发展国家的交通线路网和交通基础设施建设。交通运输部下设部长办公室、次长办公室、港务局、陆路运输厅、机场厅、路政厅、农村道路厅、交通运输政策规划处、铁道厅、泰国航运厅、泰国高速公路管理厅、铁路大件运输管理厅、曼谷地铁管理局、民航管理处、运输有限公司、泰国航空有限公司等。

8. 工业部

工业部负责制定国家的工业发展规划，管理和领导国家的工业生产，促进国家的工业推广。工业部下设部长办公室、秘书长办公室、工厂管理厅、工业促进办公室、基础工业和矿产厅、蔗糖与砂糖委员会办公室、工业产品标准办公室、工业经济办公室。独立机构有泰国－德国工业研究所、电气电子研究所、生产力研究院、钢铁研究所、国家食品研究所、塑料制品研究所、纺织学会、建筑研究院、管理体系认证协会、汽车研究所等。

9. 商业部

商业部主要负责泰国商业贸易、经贸服务、知识产权等相关事务，下设部长办公室、次长办公室、国内贸易厅、知识产权厅、经贸发展厅、国际贸易厅、国际贸易谈判厅、出口促进厅、政策与战略办公室等。

10. 自然资源与环境部

自然资源与环境部的职责是保护并可持续利用自然资源与环境，下设部长办公室、次长办公室、野生动植物管理厅、森林管理厅、海洋与海岸资源管理厅、矿产资源厅、动物园管理局、人工林管理局、环境质量促进厅、水资源厅、地下水资源厅、野生植物厅、水资源监管局、温室效应管控局、生物资源经济发展办公室等。

11. 能源部

能源部的职责是管理国家能源与开发，下设部长办公室、自然燃料厅、替代能源开发与能源保护厅、能源商业厅、能源政策与规划办公室以及能源基金管理局、泰国电力管理局、泰国石油管理局、能源事务委员会等。

12. 教育部

教育部负责各级教育教学工作，包括全国教育政策的制定与规划、教育研究、教育水平评估、教育机构管理、教师培训、国际教育交流等。教育部下设部长办公室、次长办公室、秘书室、基础教育委员会、职业教育委员会、高等教育委员会。

13. 文化部

文化部负责宣传、弘扬泰国文化，对宗教和艺术进行保护、管理和传播等。文化部下设部门包括次长办公室、艺术厅、国家图书馆、国家档案馆、文化振兴厅、宗教事务厅、当代艺术与文化办事处、诗琳通人类学中心、电影资料馆、道德推广中心、文化厅等。

14. 公共卫生部

公共卫生部负责全国的卫生、医疗和保健工作，以及疾病防控、医药管理、医学研究、传统医药保护等工作，下设部长办公室、次长办公室、医务厅、疾病控制厅、泰国传统医学与替代医学厅、医学厅、健康卫生服务支援厅、精神健康厅、卫生保健厅、食品药品监管委员会办公室、制药局等。

15. 司法部

司法部是主要负责国家司法事务的行政管理机构，下设部长办公室、次长办公室、缓刑厅、权利与自由保障厅、执法厅、青少年观察与保护厅、刑务厅、特别案件调查厅、司法事务办公室和法学院等。

16. 劳工部

劳工部负责劳动力的管理和保护，劳动力技能发展以及促进就业等。劳工部下设部长办公室、次长办公室、职业技能培训厅、劳动保护与福利厅、社会保险办公室、劳务输出管理局。

17. 社会发展与国民安全部

社会发展与国民安全部的职责是促进社会发展，维护社会公平与平等，促进国民生活质量提升等。其下属机构包括部长办公室、次长办公室、儿童与少年事务厅、高龄老人事务厅、妇女事务厅和家庭事务处、社会福利发展厅、残疾人生活质量促进厅、国家住房保障办事处、部门信息分析处，以及独立组织国民社会发展机构。

18. 旅游与体育部

旅游与体育部负责国家体育与旅游事业的相关事务，下设部长办公室、旅游厅、国家旅游局、旅游监管局、体育厅、旅游与体育研究厅、信息研究处等。

19. 数字经济与社会部

数字经济与社会部于2016年9月16日成立，原为信息技术与通信部整合、重组、更名而来，隶属于泰国国家政府总理府。其成立对进一步推广"泰国4.0战略""东部经济走廊"，以及促进泰国技术创新和应用发展起到了重要的助推作用。

20. 高教科研与创新部

高教科研与创新部系本届巴育政府新组建的政府部门，将裁撤的原科技部全部职能和教育部高等教育职能划入后合并而成。该部负责促进和支持人力发展，技术转让、科学技术与创新、促进国家信息技术发展，在部门框架内制定科学技术和创新国际合作的方向等事务。该部组织机构如下：部长办公室、次长办公室、科学服务厅、和平利用原子能办公室、国家科学技术发展办公室、国家计量处、国家科技创新委员会办公室、科技研究所、国家科技博物馆、发展空间科技与地理信息办公室、国家核能研究处、国家天文学研究所、国家水文与农业信息处、国家创新办公室、生物科学研究中心等。

第七节　　司法

泰国现代司法体系可追溯到开始引入西方法律体系的19世纪中期。现今，泰国司法制度属于大陆法系，以成文法作为法院判决的主要依据。司法机构由四部分独立机构构成，分别为宪法法院、司法法院、行政法院和军事法院。各级法院法官及审判长的任免都经下议院议长提名呈请国王签署任免令，且不得担任政务官员、不得参与一切政党活动。

泰国有两套独立的司法机构管理法院：司法部和司法委员会。各级法院隶属于司法部，司法部仅参与领导法院的行政事务。司法委员会为司法界最高权威机构，由13名委员组成。最高法院院长兼任司法委员会主任。

宪法法院由1名院长及14名法官组成，院长和法官由上议院议长提名呈国王批准，任期为九年。宪法法院的主要职能是行使宪法解释权。其下设政治人物审判庭，审理涉及政党及政治人物违宪行为的诉讼，依简单多数的意见进行裁决。

司法法院处理除宪法法院、行政法院和军事法院外的其他案件。司法法院分为三级：初级法院、上诉法院和最高法院。初级法院享有判决权，全国各府均设有初级法院。初级法院一般由民事法庭、刑事法庭和青少年法庭组成。全国只有曼谷设立一家上诉法院，负责审理除中央劳工法庭以外的所有下级法院案件。上诉法院院长由司法部上诉法院工作厅担任。最高法院为最高审判机构，受理经上诉法院判决后仍然不服的上诉案件。如果被告对最高法院终审仍有不服，可请求国王审判，恳请减免刑罚。为解决劳资问题，1980年泰国成立了中央劳工法庭，专门审理劳动就业方面的诉讼案件。

行政法院主要审理涉及国家机关、地方政府、国有企业及私人企业的诉讼纠纷。行政法院分为最高行政法院和初级行政法院两级，并设有最高行政法院院长与9名专家组成的行政司法委员会。

军事法院只审理军事罪犯和法律规定的特别案件。现行宪法第一百九十九条规定，如司法法院、行政法院和军事法院或任意其他法院主管管辖权存在争议，由最高法院院长作为委员会主席的最高法院行政法庭裁定。

第八节　政治制度的演变

泰国现行的政治制度为君主立宪制，确立于1932年。1932年6月24日，人民党为首的政变部队发动军事政变，成立由披耶帕凤为首的临时政府，颁布泰国历史上第一部临时宪法。1932年6月28日，人民党推选出70名军人和文官组成国民议会，之后召开的议会会议上选举昭披耶·探马萨汶为议会主席，披耶玛努巴功为国民委员会主席，并任命14名委员共同组成国民委员会，即内阁。随后，泰国历史上第一部正式宪法颁布，标志着泰国君主专制的落幕以及政治现代化的登场。在此之前，泰国一直是君主专制的封建国家，王室是国家的权力中心。1933年3月28日，内阁否决由比里·帕侬荣提出的触犯王室成员及贵族的经济改革草案，随后披耶玛努巴功总理在内阁内部排除异己，清洗人民党成员，进一步激化了矛盾。1933年6月20日，披耶帕凤上校与銮披汶·颂堪中校等青年军官发动军事政变，夺取披耶玛努巴功政府政权，披耶帕凤上校当选为总理；而后邀请比里·帕侬荣回国参与内阁，激起保皇派不满。1933年10月10日，以前国防部部长博叻德亲王为首的部队发动军事政变，意图复辟君主专制政体，后被镇压，政变失败。1934年3月2日，拉玛七世王逊位。1935年，议会否决政府接受限制橡胶出口的条约，披耶帕凤辞职，后又受拉玛八世王御旨再次担任总理。因涉嫌贪腐，1937年7月27日，总理披耶帕凤二次辞职。同年8月，因议会调查政府，证实披耶帕凤无涉嫌贪污罪名后，披耶帕凤复职。

1938年12月16日，披耶帕凤辞去总理职务，拉玛八世王任命銮披汶·颂堪担任总理。銮披汶上台初期，打击政治异己，控制军队，形成以自身为首的军人独裁政权，后加入日本轴心国。1944年8月1日，国王任命宽·阿派旺担任总理。1945年8月31日，阿派旺辞去总理职务。同年9月17日，社尼·巴莫出任总理。1946年1月6日，社尼·巴莫辞职。宽·阿派旺于1946年1月31日再次出任总理，同年3月请辞，后由比里·帕侬荣担任总理。1946年5月10日，新宪法颁布。泰国国会改一院制为上下两院制。根据新宪法，1946年6月1日，比里·帕侬荣政府解散内阁。同年6月8日，国会选举比里·帕侬荣再次出任总理。同年6月9日，拉玛八世王遭枪杀，比里·帕侬荣再次辞职。同年6月11日，比里·帕侬荣第三次出任总理。未几，因受到国内经济压力、政府人员贪腐、反对党抨击，以及拉玛八世王去世等多重因素影响，1946年6月20日，比里·帕侬荣告病请辞总理职务。同年6月21日，海军少将銮探隆·那瓦沙温被推举为总理。1947年5月19日，因受到反对党抨击，銮探隆·那瓦沙温于5月28日请辞，但同年5月30日国会决议再次推举其为总理。1947年11月8日，銮披汶·颂堪支持以平·春哈旺为首的部队发动政变，銮探隆·那瓦沙温被推翻，原总理宽·阿派旺被任命为总理。1946年宪法被废除，1947年临时宪法实行。1948年，在政变团的强大压力下，总理宽·阿派旺辞职，銮披汶再次出任总理。1957年3月21日大选，銮披汶连任总理。1957年9月16日，沙立发动政变，推翻銮披汶政府，指认朴·沙拉信担任过渡政府总理。同年12月15日，泰国大选，由沙立领导的民族社会党为首的政党联盟共同组阁，他侬·吉滴卡宗中将出任总理。1958年沙立发动政变，接管他侬权力，并于次年2月出任总理。1963年12月8日，沙立逝世，他侬接替其总理职务，继续维持了军人独裁统治的局面。1969年沙立发动自我政变，废除宪法，赋予革命团最高权力。随后学生运动开始逐步高涨，在学生运动的影响下，各种政府反示威和罢工不断。示威者与军警间爆发了严重的暴力冲突，军队开枪打死民众。随后国王出面干涉局势，解除政治危机；任命时任法政大学校长讪耶·探玛萨为总理，组建临时政府，起草新宪法。1974年10月7日，新宪法颁布。次年1月26日，举行大选。社尼·巴莫为首的民主党获得议会较多席位，组建内阁，后因施政纲领未获议会通过，于3月14日倒台。继而由社会行动党联合其他7个政党共同组成联合政府，克立·巴莫出任总理。面对国内严重的政治危机，克立·巴莫于1976年1月12日解散议会，4月4日重新举行大选，克立领导的社会行动党未获组阁权，而由民主党、泰国党、社会正义党、民族社会党联合组建政府，社尼·巴莫出任总理。随着党派斗争的日益严重，以及学生运动风起云涌，并引发激烈冲突等因素的影响，社尼·巴莫请辞总理一职。但各政党未予接受，再次推选，社尼·巴莫出任总理。1976年10月6日，自称"国家行政改革会"的军人集团发动政变夺取政权，废除宪法，推举他宁·盖威迁为总理。"国家行政改革会"后改为"总理顾问委员会"。1977年10月20日，国防部部长沙鄂·差罗如海军上将发动政变，夺取政权，推举江萨·察玛楠担任总理。1978年12月22日新宪法公布，规定议员和总理不必来自选举。1979年4月22日，泰国大选。由社会行动党联合自由正义党、人民民族党、社会农业党等组成联合政府，江萨·察玛楠再次担任总理。1980年3月3日，江萨·察玛楠因不堪政治与经济危机压力辞职，炳·廷素拉暖担任总理。1981年4月1日，以讪·集巴滴上将为首的部队发动政变，后遭遇失败。1985年9月9日，前武装部队总司令森·纳那空上将再次发动政变，也归于失败。

　　1988年7月24日，泰国大选。差猜·春哈旺当选总理。其内阁成员均为民选产生，被认为是最民主的一届政府。1991年2月23日，军方发动政变，推翻差猜政府，成立由海陆空三军司令及警察总监组成的"维护国家安全委员会"，接管国家政权，解散议会。阿南·班雅春被任命为临时政府总理。政府领导人素金达上将出任总理。军队政变夺权引起大规模抗议示威，并导致发生流血事件。此时普密蓬国王亲自出面干预，迫使素金达辞职，动乱终告平息。1992年9月13日的大选中，民主党联合社会行动党、新希望党、统一党和正义力量党组成联合政府，选举民主党党首川·立派为总理。1995年7月2日大选，泰国党获胜，班汉·信位巴阿差担任总理。1996年11月17日，新希望党联合国家发展党、社会行动党、正义力量党、泰国公民党和民众党组成联合政府,差瓦立·永猜育出任总理。1997年的经济危机,极大地动摇了差瓦立政府的政治地位。因无法妥善解决经济危机造成的破坏,1997年11月差瓦立辞去总理职位,川·立派再次出任总理。

20世纪90年代开始,军人逐渐淡出政坛。2002年,根据《1997年泰国宪法》,泰国首次举行上议院选举。2001年,泰爱泰党在下议院大选中胜出,由代表新兴资产阶级的泰爱泰党党首他信担任政府总理。他信于2005年顺利获得连任。2006年9月,泰国爆发军事政变,他信下台,被迫流亡海外。原泰爱泰党一部分成员组建人民力量党,另一部分成员组建为泰党,继续活跃于泰国政治舞台。2007年泰国举行大选,人民力量党胜出,党首沙玛出任政府总理。2008年9月,沙玛被判违宪被迫下台,人民力量党推举颂猜接任总理职位。同年12月,泰国宪法法院判决人民力量党、泰国党和中庸民主党贿选罪名成立,强令其解散,颂猜下台。同年12月15日,民主党党首阿披实当选总理。2011年5月,阿披实宣布解散国会下议院,重新举行大选。同年7月的全国大选中,为泰党赢得了国会下议院的过半议席,前总理他信之妹英拉于2011年8月5日成功当选为总理。2013年12月9日,受反对党大规模游行示威的影响,英拉政府解散下议院并重新举行大选。但由于反对党抵制,2014年2月的选举未能生效。2014年5月7日,泰国宪法法院裁定英拉滥用职权罪名成立,解除其总理职务。2014年5月20日,泰国军方陆军司令巴育·詹欧差发动军事政变,实施宵禁,中止《2007年泰国宪法》(君主政体的部分章节除外),接管媒体,禁止集会,成立国家维护稳定委员会;泰国军方宣布接管政府,直至过渡政府成立。2015年3月31日,泰国临时政府宣布,已征得国王御准解除军事管制,实行临时宪法第四十四条,继续维持军方管制。2016年8月7日,新宪法草案进行全民公投并获得通过。2019年3月24日,泰国举行大选。根据现行选举制度,泰国约5 100万符合条件的选民将在大选中选出500名下议院议员,再由当选的下议院议员与全国维持和平秩序委员会指派产生的250名上议院议员联合投票选出新一任总理。2019年6月5日,泰国国会召开上、下两院联席会议,巴育·詹欧差当选为新一届政府总理。

第四章　军事

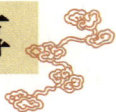

　　早在素可泰王朝时期，暹罗就建有一支听命于中央政府的国家军队，但没有按照军种进行细分。拉玛四世王时期，位处中南半岛中部地带的泰国面临西方列强殖民侵占中南半岛的威胁。拉玛四世王遂开始对国家军队进行改革，引入西方训练军队的方法和武器装备武装泰国军队，并聘请英国教官对军队进行现代化的教学训练。拉玛五世王时期则开始学习西方制度，并对国家进行自上而下的全面改革，进一步巩固了中央集权，维护了国家独立，为现代泰国的社会发展奠定了基础。在军事方面，朱拉隆功废除了落后的战时募兵制，建立了一支常备军，并从1905年起实行义务兵役制。在丹麦人里舍尔的帮助下，朱拉隆功建立了一批军校，重点加强海军的建设，并于1915年建立空军。当代泰国皇家部队主要由海、陆、空三军组成。随着维护国王、保卫国家、维护国土安全、促进军队国际间的合作、推动国家进步与发展和服务民众的五大战略的不断推进，泰国已成为东南亚一支不可忽视的武装力量。

第一节　国防体制

　　泰国宪法规定国王为武装部队的最高统帅，实际上由内阁通过国家安全委员会和国防部对全国武装力量进行领导指挥。国家安全委员会是泰国最高国防决策机构，隶属于内阁，负责制定国防政策、规划和措施并监督实施。内阁总理担任国家安全委员会主席，副总理担任副主席。其他委员包括国防部部长、财政部部长、外交部部长、交通部部长、内政部部长、武装部队总司令以及国家安全委员会秘书长。

国防部为最高军事行政机关，负责武装力量的建设和运转。国防部下设国防部部长办公室、次长办公室和泰国皇家部队三个部门。国防部部长办公室为政治协调部门，设有行政部、后勤部、国家信息部、政府部门联络部、议会联络部、投诉部和总务部。国防部次长办公室主要主持国防部的日常管理行政工作，下设12个部门单位，即常务秘书处、战略与规划局、军事文牍局、国防预算局、法务局、维护国家安全与能源工业中心、国防秘书处财务局、兵力动员局、军事科学与技术局、国防秘书处后勤局、国防部内部审计局、太空情报局。皇家部队是为了效忠国王、保护国家安全和稳定而建立起的国家军队。近年来皇家部队也协助政府在保障社会安全、参与社会发展、抢险救灾、禁毒、国际维和等方面发挥着积极的作用。皇家部队共分为五大部分，即最高司令部、陆军司令部、海军司令部、空军司令部以及法律法规规定的其他部门。最高司令部为最高指挥机构，直接指挥海、陆、空三军行动。其中最高司令部下设指挥部、联合参谋部、特别行动部、行动部和研究部等。

❀ 一、军衔制度

泰国军官的军衔分为四等十级，依次为元帅，将官（分上将、中将、少将），校官（分上校、中校、少校），尉官（分上尉、中尉、少尉）。士兵军衔分为一级军士长、二级军士长、三级军士长、上士、中士、下士。根据1928年颁布、1954年修订的《文官服务法》的规定，部分政界高级官员可以直接被授予将军军衔，并担任军队中的重要职务。泰国《军事服务法》规定，所有军官年满60岁必须退出现役。

❀ 二、国防开支

泰国国防开支比重随着地区和国际形势的改变而改变。20世纪50年代至70年代中期军人独裁统治期间，国防支出占国家预算的18%左右。20世纪70年代后期至20世纪80年代后期，由于越南军事威胁，泰国国防支出从1980年的224亿泰铢迅速攀升至1986年的412亿泰铢。20世纪80年代末至20世纪90年代，在冷战结束、地区局势得到缓解、军人统治瓦解、国家建设转移至经济上来，以及1997年金融危机等多重因素的影响下，泰国国防支出在1997年之后出现了明显下降。1998年，泰国国防支出下降至861亿泰铢，仅占国内生产总值的1.86%；2006年更是下降至历史最低点，占国内生产总值的1.08%。2006年后随着国内经济的恢复与发展，以及在非传统安全形势日益严峻及领土争端、泰南分裂主义活动增多的影响，泰国的国防支出数额出现了小幅度回升，至2011年，国防开支已达1683亿泰铢，占国内生产总值的1.58%。2013年和2014年，泰国国防支出再次下调，分别为1447亿泰铢和1499亿泰铢。现在泰国仍是东南亚地区军事开支较大的国家之一。

第二节　军种与兵役制度

❦ 一、陆军

陆军是泰国最主要和最基本的军种，军队人数占全国军队总数的60%以上。陆军高层时常出任泰国武装部队总司令。陆军高层也往往成为泰国具有实权的政治人物。

泰国陆军司令部隶属于武装部队总司令部，是泰国陆军的最高指挥机构，驻地在曼谷。陆军司令部设司令1人、副司令1人，助理司令2人，参谋长1人、副参谋长2人；下辖23个厅，分别为：作战部、情报部、通信部、民联部、档案部、宪兵部、财务部、后勤补给部、审计部、福利部、医疗部、军需部、军械部、运输部、蓄力部、科学部、军事工程部、工兵部、兵源部、军力部、监察部、国土保卫部和战略教育部。陆军编成4个军区（也称部队军区，下辖省军区）。第一军区（中部军区）司令部驻地曼谷，第二军区（东北部军区）司令部驻地呵叻府，第三军区（北部军区）司令部驻地彭世洛，第四军区（南部军区）司令部驻地洛坤府。此外还编制有1个特战指挥部、1个防空指挥部、1个步兵中心、1个战术训练中心、1个炮兵中心、1个骑兵中心、1个飞行中心、12个省军区（下辖府军区）、24个府军区、7个步兵师、2个骑兵师、2个特战师、1个防空师、1个炮兵师、1个工兵师、4个后备师、4个开发师、1个御卫团、1个独立侦察团、8个独立步兵营、3个空中机动连和1支快速反应部队。

二、海军

拉玛五世王于1887年创办第一所现代海军学院——尊拉宗告皇家军事学院，并规定每年的11月20日为泰国海军日。1894年，泰国国防部成立。1904年，《征兵条例》的颁布，标志着泰国军事步入现代化阶段。拉玛六世王时期，海军委员会首次制定海军的发展体系，加快泰国海军的现代化步伐。1910年，海军委员会向拉玛六世王建议泰国皇家海军15年内的发展规划。第二次世界大战结束后美国政府贷款给泰国政府购买美国和英国的战争剩余物资。但随着1951年和美国政府签订军事同盟协定，泰国向美英等国家的购买计划并没有完全执行。除此之外，泰国海军还从其他盟国购买舰船。第二次世界大战后，泰国在美国的军事援助下，以美式装备武装，接受美式训练，并直至20世纪70年代初，一直服务于美国的亚太战略。20世纪70年代后，泰国逐渐开始走向自主发展的强军道路。1997年亚洲金融危机之前，泰国曾经为1997—2006年海军发展制订了一个庞大的采购计划。该计划包括14艘护卫舰、10艘导弹艇、10艘水雷舰、20艘巡逻艇、3艘大型和1艘小型两栖舰船、5艘远洋水雷对抗舰、25艘沿海扫雷舰等。1997年8月，泰国皇家海军向西班牙订购的轻型近海巡逻直升机航母"查克里·纳吕贝特"号抵达泰国服役，使泰国成为东盟第一个、亚洲第二个拥有航母的国家。泰国皇家海军计划在2026年之前购买来自中国的3艘常规潜艇。

现代泰国海军组织体系包括：指挥部门、作战部门、作战后勤部门、教育部门、其他战斗力机构等。指挥部门下辖皇家海军秘书办公室、海军档案室、海军兵员室、海军情报室、海军作战室、海军后勤室、海军通信与信息技术室、海军民政事务室、海军会计次长办公室、海军财务室、海军监察室、海军内部稽查办公室、海军装备供应办公室、海军法律办公室。作战部门下辖作战舰队、第一海区海军编队、第二海区海军编队、第三海区海军编队、海军陆战队指挥部、防空与岸防指挥部、梭桃邑海军基地、曼谷海军基地，以及海军宪兵厅。作战后勤部门包括海军船坞室、海军电子室、海军工程室、海军军械室、海军军需室、海军福利室、海军医务室、海军运输室、水文室、海军科学室。教育与研究部门包括海军教育室、海军尉官学校、海军研究与发展办公室。特勤部门下辖维护湄公河秩序协调中心，尖竹汶-达叻边境护卫队指挥部，维护国家海洋权益执勤协调中心，第一、二、三地区维护国家海洋权益执勤执行中心，边境巡逻舰队，泰国海上志愿卫国中心，海军执勤中心，海军陆战队特遣部队，第四一一海军陆战队特遣部队，非法捕鱼处理指挥中心。其他战斗力机构下辖海湾巡逻舰队、第一护卫舰队、第二护卫舰队、海军直升机舰队、潜艇舰队、水雷舰队、舰艇登陆与战略服务队、海军警卫队、内河舰队、海军航空兵大队、海军特种部队、作战训练部队、作战支援部队、"查克里·纳吕贝特"号航空母舰、宋卡海军基地、攀牙海军基地、梭桃邑海军基地工程队、梭桃邑海军基地工程队、梭桃邑海军基地发展和建设队、朱拉隆功碉堡防卫队、海军军乐队、打击海盗舰队、海军继续教育学院、海军第二舰队继续发展教育学院。

❖ 三、空军

1911年2月2日，拉玛六世王在观看国外首次在暹罗进行的空中表演后，召集皇家部队大臣商议，组建一支保护国家安全的皇家空军，并选派三名高级军官到法国学习先进的空军技术。三人学成后，于1913年携带8架法制飞机返回国内，建立了泰国的第一支空中武装力量。1914年3月27日，暹罗皇家部队决定成立"皇家陆军飞行队"。随后，泰国空军不断发展，曾参与第一次世界大战。1917年，原"皇家陆军飞行队"改编为"皇家陆军飞行机械局"。1921年，国防部决定将"皇家陆军飞行机械厅"单独编制为"皇家空军局"，直接隶属于国防部管辖。1937年4月9日，皇家部队再次提升"皇家空军局"为"皇家空军部"，并授予其最高指挥官上校军衔。1997年8月，泰国皇家空军宣布，从1998年起，每年的3月27日定为"泰国皇家空军纪念日"。空军作为皇家部队的重要组成部分，得以迅速发展。现今，泰国空军已成为维护国家领土安全、积极参与国际活动的强兵之师，为东南亚境内仅次于新加坡的一支重要空中武装力量。

现泰国空军直接由泰国武装队司令部下辖的空军司令部领导，设空军司令员1名，空军副司令员1名，空军顾问团主席1名，助理空军司令2名，参谋长1名，副参谋长3名，以及分管兵员、情报、作战、后勤和民政事务的助理参谋长各1名。泰国空军直辖体系由总部、指挥部门、作战部门、后勤部门、教育部门，以及特别事务部门组成。其中总部下辖皇家空军司令部支援处、皇家飞行器械控制中心、皇家直升机控制中心、空战指挥中心、泰国皇家空军发展办公室、泰国空军首脑办公室（战时）。指挥部门下辖空军秘书长办公室、空军档案局、空军兵力局、空军情报局、空军作战局、空军后勤局、空军民政事务局、空军信息与技术局、空军会计长办公室、空军财务局、空军监察局、空军内部审计办公室、空军安全办公室、空军法律办公室。作战部门下辖空勤管制局，空军地面部队指挥部，航空学校，一、二、四、五、六、七、二十一、二十三、四十一、四十六、五十六共11个飞行大队。后勤部门包括飞行机械维修局、空军电子通信局、空军军械局、空军军需局、空军工程局、空军运输局。教育部门包括空军战略培育局和空军军事培训学校等。特别事务部门包括空军航空航天科学技术研究发展中心、空军福利中心、廊曼空军指挥办公室、空军航空医学研究所。

泰国空军军备来源多元化，有电子、侦察、联络飞机，运输机，训练机，直升机，无人机，空对空导弹等武器装备，具有良好的空中作战能力。

❀ 四、特种部队

泰国的特种部队称为特种战争部队，主要担负国家反对恐怖活动、捍卫国内社会稳定，以及配合其他部队兵种协调作战的任务。目前，泰国特种部队主要由泰国警察总署、泰国陆军、泰国海军和泰国空军抽配的优质兵源所组建，统一由1992年1月正式成立的泰国特种作战联合司令部负责指挥和调度。

目前，其编成内主要有陆军特种部队和义勇军部队、海军陆战队特别行动队、空军航空工程部队特别行动队和突击部队、边境巡逻警察部队和特别训练警察部队。

纳黎宣二六一部队为一支具备空中移动能力的警察部队。1983年，泰国内阁正式下令泰国警察总署建立一支旨在执行泰国反恐任务的精锐队伍。次年，纳黎宣二六一部队组建，并以纳黎宣大帝之名命名，是泰国边防巡逻警察空中执法队下辖的四大部门之一。纳黎宣二六一部队除执行国家反恐任务外，还负责国家元首、皇室成员、政府政要出访或日常巡视时的安保任务。

🌸 五、兵役制度

泰国的武装力量由正规军和准军事部队组成，实行单一的义务兵役制，最高统帅为国王。泰国国防部为国家最高军事行政机关，负责制订、实施国防政策和计划，同时负责征集公民服现役和召集预备役人员参加军事集训。泰国宪法规定："人人有依照法律服兵役的义务。"根据这一规定，每一个达到服兵役年龄的公民，都必须进行兵役登记。《军事服务法》规定，凡年满18周岁的泰籍男性公民都必须进行兵役登记；21—30周岁的泰籍男性公民都必须应征入伍，服役期两年。30周岁以上的泰籍男性公民及退役后的泰国士兵均列入预备役。预备役分为三类：服现役期满退出现役的公民与受过军事训练并且成绩合格的公民，编入一类预备役，服役期七年；服一类预备役的公民在年龄达到30周岁时转为二类预备役，服役期限十年；服二类预备役的公民在年龄达到40周岁时转为三类预备役，服役期六年。整个预备役期为二十三年。

经医院确诊身体不合格者、高级僧侣、教士、在职教师、在校大学生、曾判处十年以上徒刑者均免征入伍或加入预备役。继续求学的学生在下列情况下可以缓征：一是攻读学士学位且未满26周岁的大学生，二是未满22周岁尚未完成职业学校学业的学生或经教育部证明具有同等教育程度的公民，三是未满22周岁且尚未完成预科学校学业的学生。当役龄人数超过需要的人数时，下列两种人员也可以缓征：一是父母无工作能力而需要赡养的，二是妻子死亡或因病残无工作能力而又需要抚养子女的。

通过入伍身体素质验检合格的公民，如果有自愿入伍的可直接报名参军，而不愿意服兵役的年轻人可以参与抽签。如果抽中的是黑色的卡片，就可以免服兵役；如果抽中的是红色的卡片，就要服兵役两年。已变性为女性的男子，根据相关证明材料可免除兵役，但依然要到征兵处报到。

第五章 文化

第一节　语言文字

泰文属于拼音文字类型。13世纪的兰甘亨碑文上的泰语铭文为目前发现的最早且最完整的泰文文献。据该碑文记载，1283年素可泰王朝的兰甘亨大帝创造了泰语文字。泰文是根据孟文和吉蔑文创造而成，词源有很多来自梵文和巴利文，一些生活词汇来源于汉语、马来语，专业技术词汇多源于英文。到了阿瑜陀耶王朝时期，泰文通过不断改革更加完善，在社会中广泛使用，并逐渐取代巴利文和高棉文，成为泰国人主要使用的书写文字。

现代泰文有辅音字母42个、元音字母和符号32个，有54个声调，并分为世俗用语、王族用语和僧侣用语。泰文自左而右书写，一般不使用标点符号。泰国的官方语言为曼谷泰语或中部泰语。在泰语的日常生活词汇中，75%是傣–泰语原生词；其他15%为英语借词，尤其是新时期出现的现代科技词汇；剩下的10%主要为孟语（高棉语）、缅语等外语借词。

第二节　文学

泰国最早期的文学作品主要包括早期口头文献和最初的书面文学。在文字创造以前，民歌民谣等是原始诗歌的重要组成部分。历史资料表明，原始诗歌是产生年代最为久远的文学品种，它出现在文字产生以前，是其他文学样式的源头。早期泰国受到婆罗门教、印度教和佛教的影响较深，泰国许多早期文学故事都与印度神话故事有联系。如泰国有个关于中印半岛的传说——苏伐剌蒲迷的形成，而这个故事最早在公元前13世纪至公元前10世纪的印度教经典《梨俱吠陀》中已有描述。这个故事讲述的是在很久以前，中印之间的大地为雷雨之神因陀罗和蛇妖弗栗多在天上大战时掉落下来的金斧头，这片金色的土地叫作苏伐剌蒲迷，即金地之意。1283年素可泰王朝的兰甘亨大帝创造了泰语文字，后泰国文学逐渐发展起来。《兰甘亨碑文》上出现了最早的泰国文字，上面记载着国王从斯里兰卡请来三藏经，邀请上座部佛教高僧到素可泰弘扬佛法、修建寺庙供奉佛舍利等历史事件。《兰甘亨碑文》还记有素可泰王城的疆域面积、城市规划等，反映了素可泰初期社会风俗、宗教信仰、民众生活等状况，被称为泰国文学和文字历史的开端。

1. 素可泰王朝时期

13世纪，东南亚传统农业社会开始逐步建立且日趋完善。在对先进文化的认同、吸收和创造中逐渐形成了本地区特色的民族艺术规范体系和文学传统，取得了文学上的历史性进步，表现出以下特征：各民族的书面文学获得重大发展，经典的文学样式得以形成；宗教作为一种重要的文化现象和封建阶级的钦定哲学对文学产生了广泛的影响；民间文学和反映普通人生的文学作品在宗教文学和宫廷文学的遮蔽下被视为"不雅"的"市井俗词"而被排斥在艺术殿堂之外，其发展也受到很大的限制。13世纪后，上座部佛教在缅甸、泰国、老挝等地占据了主导的地位，佛教文化对泰国的哲学思想与社会文化的构建起到了重要作用。其中来源于印度的古典神话并讲述释迦牟尼生前547个故事的《佛本生故事》等巴利文著作，则成为泰国文学艺术的启蒙作品。素可泰王朝时期五世王帕耶立泰于1345年著有《三界经》（又称《帕耶三界》）。书中引用30多部佛教经典著作代表着素可泰王朝时期宫廷佛教的宗教观念。书中描绘了众生所在的欲界、色界和无色界，宣扬佛教思想，强调众生应弃恶从善，以免受三界轮回之苦。

2. 阿瑜陀耶王朝时期

阿瑜陀耶王朝时期，为巩固国王与封建政权地位，国王一改素可泰王朝时期主张使用纯粹的泰语的文学态度，采纳了高棉王国的一些传统制度和礼仪，并在文学作品中进行渲染。拉玛铁菩提王责成婆罗门祭司编写了一部《誓水赋》，这是泰国第一部赋体（立律）文学作品。"誓水"为泰国古代百官效忠国王的重要仪式。《誓水赋》表达了对忠君报国的赞扬和对背叛的诅咒，还宣扬了忠君思想。原著用古高棉文写成，同时掺杂了一些梵文。《誓水赋》与忠君宣誓仪式对巩固君主专制制度起到了重要作用，被历代王朝沿用了600多年，到1932年资产阶级维新政变后才予以废除。

戴莱洛迦纳王在位期间，文学发展得到了提倡与推广。戴莱洛迦纳王本人将玛哈拉查克鲁创作的泰国第一部禅体故事诗《沙姆阔堪禅》进行了续写，该著作最终于曼谷王朝时期由拉玛奴亲王续写完成。此外，戴莱洛迦纳王还用长歌体著有《大城王朝预言》和克隆体杂诗各一部，并命人编写泰国史上第一部教科书《金达玛尼》和泰国史书《銮巴塞本阿瑜陀耶世纪》。《金达玛尼》中讲解了泰语的语音知识以及诗词的一些写作方法，并一直沿用至曼谷王朝拉玛五世王时期。

宗教文学在阿瑜陀耶王朝初期有了进一步的发展。《佛本生故事》中的《须大拏本生》在柬、缅、泰等地区流传广泛，后在泰国被改编成《大世赋》。阿瑜陀耶王朝初期，1482年为庆贺帕西玛哈塔寺建成，僧侣们奉戴莱洛迦纳王之命，将《须大拏本生》故事翻译成《大世词》。

《帕罗赋》则是用律律体撰写而成的长篇叙事诗，流传广泛，影响深远。它讲述了分属两个敌对国家的王子和公主相爱后却无法相守终生，最终双双殉情的故事。《帕罗赋》问世后，阿瑜陀耶王朝陷入内乱外侵的泥潭中无法自拔，这导致阿瑜陀耶王朝出现了长达九十余年的文学空白期。

阿瑜陀耶王朝中期，帕昭松探王为进一步将佛教文化向平民阶级推广，下令让国家僧侣将巴利文和泰文相互注释的《大世词》版本编著成用长莱体书写的《大世赋》。《清迈五十本生故事》是清迈高僧根据《佛本生故事》利用巴利文而编写的，该书在语言文学、文体结构、创作手法和主题思想等方面都与《佛本生故事》保持着一致。该书包含今生故事、前生故事、偈陀、注释与对应5个部分。现存的《清迈五十本生故事》为1932年泰国学者在各国《清迈五十本生故事》残本的基础上整理而成。此外，《清迈五十本生故事》的中心思想与《佛本生故事》保持着一致性，在教义、伦理、宗教观念上宣扬佛教慈悲观，主张以善为本。

民间口头诗歌创作在阿瑜陀耶王朝中期获得了飞速发展，题材丰富，包括神话、传说、故事、歌谣、说唱、戏剧等。阿瑜陀耶王朝时期，在集体劳动间隙及各种民间仪式后进行的口头说唱等艺术形式，体现出当时自给自足的封闭村落中的伦理标准与审美趣味。"讲故事"逐渐发展成为具备音乐与诗歌功能的"塞帕"表演形式。在泰国文学史上占有重要地位的民间文学巨著长篇叙事诗《昆昌与昆平》，就产生在这一时期。该书以昆昌、昆平和婉通三人之间的情感纠葛为主线，故事情节曲折动人，还融入了战争、市井生活、民俗礼仪等诸多贴近市井民众的情节因素，具有深远的历史意义和思想内涵。

阿瑜陀耶王朝后期，戏剧逐渐走向繁荣，格伦诗体、卡普诗体作品的创作也呈现出兴旺的局面，尤其是用于戏剧和对唱。这一时期著名的诗人是探玛铁贝王子，他的作品有《铜河之行》、《悲溪离记》、《摇船曲》、《欢喜经》(《南托巴南塔》)和《玛莱赋》等。

3. 吞武里王朝时期

吞武里王在致力平定内乱、抵御外患的同时，还着手整理了泰国文学，亲自编写了《拉玛坚》中的四个章节。这一时期出现的重要作品有《王冠明珠赋》(《立律碧蒙谷》)，用禅体诗改写的《伊瑙》《加姬》《吞武里王颂》《吉沙纳教妹》等。1781年，玛哈奴帕亲王用诗词形式记录了吞武里王于1771年派遣使节到中国访问一事，创作了《广东记行诗》。

4. 却克里王朝时期

泰国文学界一般将拉玛四世王作为划分泰国古代文学的分界线。拉玛一世王时期，文学界主要工作为收集、整理和重新创作一批著名的泰国文学作品，以及将一批国外散文类型的历史演义文学作品翻译为泰文，这对泰国文学产生了巨大的影响。著名作家有拉玛一世、帕康亲王、帕帖莫利、王子贡蒙西素林等。重要的剧本有《拉玛坚》《达朗》《依瑙》等。帕康亲王为泰国文学史上一位十分重要的作家。他创作的《大世长莱》中的《孩萱篇》《曼陀利篇》《加姬》《御驾出巡克隆诗》《西威差本圣经》等作品依旧为现今人们所喜爱。此外，他还主持翻译了中国历史小说《三国演义》和孟人历史故事《拉查提腊》等。《三国演义》对泰国社会影响巨大，《草船借箭》《火烧赤壁》等被泰国的中学教材所选用。受中文表述方式的影响，该书的译文简洁明快，带有中国韵味，被人们称为"三国文体"。在后世的泰国小说中，也能找到《三国演义》一书的影响痕迹。拉玛二世王时期，泰国戏剧和诗歌创作得到了进一步的恢复和繁荣。流行形式有长歌、记行诗、塞帕（类似于中国的大鼓、评书或琴书）、斗帅（与中国少数民族的对歌相似）、沙卡瓦（以文学名著的内容作诗）和玛霍里唱词（泰国民族乐队伴唱的一种歌唱形式）等。这一时期主要改编的戏剧作品包括《拉玛坚》、《伊瑶》和《昆昌与昆平》的部分段落。拉玛三世王时期，世俗作品和中国历史演义翻译逐渐走入低谷，宫中的戏剧团也被解散，后来宫中的艺人流入民间，极大促进了民间戏剧的普及与发展。拉玛三世王时期，著名的作家有拉玛三世王、德查迪顺亲王、翁沙笛腊沙尼德亲王、帕哈蒙德里、顺吞蒲、帕拉玛奴、坤普姆和坤素婉等。拉玛四世王时期，散文类文学发展较快，中国历史与演义故事翻译达12部之多；诗歌、戏剧创作得到恢复，国内期刊数量逐渐增多，但尚未出现泰文文学刊物。

泰国近代文学的发展，大体经历了翻译原作阶段、模仿改写阶段和借鉴创作阶段。拉玛五世王鼓励创作和翻译，还设立了金刚奖章。他翻译了英国女作家玛丽·科雷利的《仇敌》，这是泰国第一部长篇翻译小说。此外，他还翻译了大仲马的《三个火枪手》、狄更斯的《匹克·威克外传》和柯南·道尔的《福尔摩斯探案集》等。拉玛六世王模仿柯南·道尔的《福尔摩斯探案集》创作了《通因的故事》。

19世纪中后期即拉玛七世王时期，泰国文学进入现代文学时期。1928—1938年为泰国现代文学初期，爱情小说、家庭小说和以国外为背景的小说流行，作品多为浪漫主义情调。1938—1945年，由于第二次世界大战的影响与政府推行文化专制主义，这段时期的文学创作步入低谷。1946—1957年，受到国内民族民主运动的影响，"文艺为人生，文艺为人民"的文学现象开始出现。1958—1973年"十月十四"运动之前是泰国文化界的黑暗时期，消遣文学畸形发展，现实主义文学低落。1973年10月14日至1976年10月6日，民主、自由成为社会潮流，文学成为表达政治色彩的工具之一，各种文化思潮涌现，被称为"百花齐放"的时期。1976年他宁·盖威迁政权独裁统治，文学创作再次步入低谷。1979年江萨·察玛楠上台后，文学环境逐渐放松并得以缓慢复苏。20世纪80年代后，泰国文学逐渐朝着多元化趋势发展。

西巫拉帕（1905—1974）为泰国现代文学的奠基者，是泰国现实主义流派的代表。他一生共创作小说20部，是泰国现代史上把政治内容引入小说中的第一人。其代表作有《向前看》《男子汉》《生活与战争》《画中情思》等。克立·巴莫亲王是著名的政治家、作家和诗人，著有长篇小说《四朝代》。《四朝代》再现了拉玛五世王到拉玛八世王4个朝代的社会和政治生活，被誉为泰国当代最伟大的文学作品。他的代表作还有《芸芸众生》。

泰国有影响力的现代作家还有多迈索，其代表作有《她的敌人》《老实人》《百人之首》《第一个错误》；阿卡丹庚亲王，其代表作有《人生戏剧》；高·素朗卡娘，其代表作有《风尘少女》《豪华世家的虚荣心》《隆阿仑》《萍开夫人》《绝代佳人》《金沙屋》等；索·古拉玛洛赫，其代表作有《北京，难忘的城市》；社尼·沙瓦蓬，其代表作有《失败者的胜利》《婉拉雅的爱》《魔鬼》；格莎娜·阿速信，其代表作有《人类之船》《日落》；素婉妮·素坤塔，其代表作有《甘医生》《爱的翅膀》等。

第三节　艺术

❀ 一、音乐

泰国传统音乐主要分为古典音乐和民间音乐两大类型，深受中国、印度、爪哇、柬埔寨等国音乐的影响。例如，素可泰王朝建立之前，泰国音乐就已经受到中国西南少数民族、孟人和高棉人等民族音乐文化的影响。而印度的宗教神话、戏剧及音乐等随着佛教在泰国的传播，也对泰国音乐的形成与发展产生重要的影响。泰国从17世纪开始逐渐引入西方音乐，但这并未对其古典音乐造成影响。

泰国古典音乐形成于阿瑜陀耶王朝时期。当时，柬埔寨音乐对泰国古典音乐影响很大，从而奠定了泰国古典音乐的基础。曼谷王朝拉玛一世王时期，泰国古典音乐融入了爪哇美兰合奏音乐的因素。19—20世纪，泰国的古典音乐日趋成熟，但仍作为戏剧和舞剧的伴奏而演出。20世纪初，古典音乐才开始在舞台上单独进行表演。古典音乐大多选材于《拉玛坚》。该剧完整表演下来需要400多个小时，其中乐曲多达1 200余首。后人按照乐曲的表现内容将其分为表现喜、怒、哀、乐、婚丧、战争等36个曲目。

泰国乐器种类繁多，按照演奏场合可以分为民间乐器、宗教乐器和宫廷乐器三大种类。传统泰国音乐中演奏乐器可大体分为音调打击乐器、节奏打击乐器和弹拨乐器。吹奏乐器和打击乐器等在民间较为普及，弹拨乐器和打击乐器中的围鼓、编铓等乐器则在宫廷和重要礼仪场所使用。长鼓、象脚鼓和其他鼓铓则在宗教音乐中占有重要地位。

（一）打击乐器

1. 木琴

木琴分两种，高音木琴和低音木琴。高音木琴的共鸣箱呈船形，箱下有一个底座。低音木琴的共鸣箱呈长方形，琴上的木键是用绳子穿编起来的，挂在琴身两靖的钩子上，高音的音域有三个八度，低音的音城只有两个八度多一点，演奏时用两只槌敲击。

2. 排锣

排锣有两种，高音排锣和低音排锣。这种乐器由按自然音阶顺序定音的一组锣组成，平放在一个圆形的架子上，圆架的后面有一个开口，演奏者坐在架子中央，用两支带有圆头的槌子敲击，其音域为两个八度。

3. 铜排琴

铜排琴分高音铜排琴（拉内特、伊克、莱克）和低音铜排琴（拉内特、萨姆、莱克）两种。泰国从19世纪才使用这种乐器，可能是按照印度尼西亚的沙朗和金德尔仿制的。两种铜排琴的共鸣箱都呈长方形，键片也呈长方形，其音域、音高都和木琴相同。

（二）节奏打击乐器

1. 锣

锣包括小锣、双钹（柴甫、莱克），其直径为6～7.5厘米，由薄金属制成。锣（孟），是一种锣帮很宽的中号锣，用槌敲击。

2. 鼓

鼓有以下几种。塔芬是两面绷皮的桶状鼓，鼓身全用皮条拉紧，用手敲击。克隆、扎特是大型的桶状鼓，鼓皮是用钉绷上的，演奏时经常是一对。逊是一种上大下小的杯状或瓶状单面鼓，据说是从东南亚传入的一种手敲鼓。拉姆玛内是单面绷皮的浅帮手鼓，据说是从中国传入的，瓶状鼓和单面手鼓在乐队中由一个乐师兼奏。

（三）吹奏乐器

1. 竹笛

竹笛（克鲁伊）有大、中、小三种，中号的使用最多，笛上有七个指孔和一个膜孔，气从钉在竹笛一端的哨片吹入，紧对着哨片在笛身后面有一个长方形、四边很薄的发音孔。

2. 拍

拍是一种双簧的管乐器，但两只簧片又都是双层的，实际上是四个簧片。木管的两端都张开微似喇叭形，管肚部分稍粗，内腔是圆柱形，有六个指孔。拍有大、中、小三种，常用的是最大的一种，叫作拍奈，吹奏者采取循环换气法。

3. 肯

肯类似中国的笙，有各种大小不同的类型，最大的有2.1米长。肯是泰国传统音乐必用的乐器，但只流行于泰国的北部，尤其靠近缅甸和老挝的地区特别流行。

（四）弹拨乐器

1. 拨弦乐器

拨弦乐器有加克西和克拉加派。加克西的琴体最早是用鳄鱼头骨雕制的，乐器也因此得名。加克西琴下有三条短腿作为支架放在地上，用象牙拨片弹拨，这种琴现在不常用了。克拉加派是经常使用的重要弹拨乐器，其共鸣箱呈龟背形，乐器的名称也由此而来。其共鸣箱的一端是一个长颈，有四根弦，两根为一组，演奏时抱在胸前用拨子弹奏。

2. 拉弦乐器

拉弦乐器一种是索、丹，与中国的二胡相似。另一种是索、尤，和索、丹基本相同，只是共鸣桶是用椰瓢做成的。索、森寒是一种下端有尖腿的三弦琴，弓子不固定在弦内，可能是从近东地区传来的一种乐器，经常用于为独奏的歌唱伴奏，在乐队中不是固定的常见乐器，只在需要时使用。

二、戏剧

1. 孔剧

孔剧起源于400多年前的阿瑜陀耶王朝时期，其融合舞蹈、音乐、诗歌、绘画、武术和皮影等各种艺术形式于一身。孔剧和一般舞台戏剧不同，从古至今孔剧只有一个剧本，即十面魔王抢走了古代国王拉玛美丽的妻子悉达，国王在猴王的帮助下杀死了十面魔王，救出悉达得胜回朝的故事。孔剧伴以泰国的传统乐器木琴。孔剧演员没有语言台词，全剧共有国王、王后、猴王和罗刹（魔王）四个角色，猴王和罗刹（魔王）需要佩戴面具进行表演。演员们通过复杂的肢体动作，进行武打等场景表演，舞台一侧常配有配唱。比如"爱"的表示是将两手交叉贴于胸前；"友好"的表示是两手臂伸直、双手平叠在一起；"愤怒"的表示是用手摩擦颈项或伸指、顿足；"喜悦"的表示是将左掌伸平，掌背靠近嘴旁；"凶恶"的表示是将食指指在地上等。

孔剧生、旦服装华丽，点缀着灿烂夺目的金银饰物。帽作宝塔状，镶满珠宝。演员手脚皆戴金环。旦角着金色披肩，穿纱笼；生角穿半长裤，着紧身长袖衣。胸佩、手镯、塔形帽往往都用真金制作，镶嵌珠宝。魔王服饰主色为墨绿色，猴王阿努曼多采用银白色装饰，国王与王后使用的则是凸显皇族尊贵的金银色。

2. 洛坤剧

洛坤剧有三种表演形式，即"洛坤差德里""洛坤诺""洛坤奈"。洛坤剧中融合了舞蹈、音乐、演唱对白等多种表演形式。洛坤剧最早起源于印度，洛坤差德里是最早的洛坤剧形式，始行于南部民间。演出一般在村寨或城镇空地举行。乐师、歌唱者坐在席子的一角，席子中央便是表演区。不用布景，只有一条长凳作为演员的座位，也可作为象征性的道具。后来渐渐流传到泰国中部，进入宫廷的洛坤被称为"洛坤奈"，即内洛坤；在民间流传的洛坤便称为"洛坤诺"，即外洛坤或野洛坤。内洛坤角色都由女演员扮演，并明文禁令不准宫廷外的女演员表演"洛坤奈"，该禁令直到拉玛四世王时期才被废除。演出题材广泛，内容多为宫中轶事、英雄故事、神话传说等。著名剧目有《玛诺拉夫人》《素瓦那洪王子》《伊瑙传奇》等。

3. 皮影戏

泰国皮影戏的记载最早可见于阿瑜陀耶王朝时期的《宫廷法规》中。相传泰国皮影戏是通过爪哇由印度人引入的，并受到中国潮汕皮影戏的影响。泰国皮影戏分为一般皮影戏和大皮影戏两种。一般皮影戏称为"南达隆"，以屏幕透影的手法表演剧情，通过对小皮影的操纵，结合演唱、说唱等方式，演绎完整的故事情节。一般皮影戏主要流行于泰国农村，尤其是泰国南部地区。"南达隆"的"演员"称为"皮仔"或"皮人像"，其通常使用牛皮、鹿皮和一种体形较大的淡水鱼鱼皮制成。一般皮影戏皮仔制作形象通常分为三种：第一种为国王、王后、神仙，体形较大；第二种为男女主角和配角人物，体形略小；第三种为丑角，扮演逗乐角色。演出剧目一般为民间传说故事、幽默笑话和社会逸事等。大皮影戏称为"南雅"，原本为皇室内部举办重要活动时演出的高级娱乐剧种，后来流传至民间，成为重大节日上演出的剧种。大皮影戏皮仔制作更为繁杂精美，最大可达2米，主要由黄牛皮或水牛皮精细加工后镂空制作而成。"南雅"皮影戏分为单影和故事影两种。单影为只有单个人物的剪影，故事影则为一个或两个人物，并配有背景场景的剪影。"南雅"皮影戏尺寸很大，没有活动结构和肢体变换，主要通过皮影艺人调节腰部和腿部的舞蹈动作来体现剧情。演出剧目则为《拉玛坚》《伊瑙》《素瓦那洪传奇》等经典剧目。

4. 木偶戏

木偶戏通过艺人对木偶角色的操纵表演表现剧情。通常表演者可以在操纵木偶的同时唱念台词表现木偶剧情，并用脚打击锣鼓。泰国木偶戏源于真人表演。在阿瑜陀耶王朝的波隆阁王在位时期便有了木偶戏的表演。当时，木偶高约1米，身体部位可灵活摆动，被称为"大木偶"或"皇室木偶"，用于皇室仪式后的演出，演出剧目大多为

《拉玛坚》《乌纳鲁》等经典剖目。曼谷王朝拉玛五世王时期出现小木偶，高约30厘米，分为泰式木偶和中式木偶两种。中式木偶类似于中国潮汕手套式木偶，表演剧目多为中国流传至泰国的经典历史演义故事，如《三国》《岳飞传》等。泰式木偶演出的剧目则和大木偶一样，为《拉玛坚》等经典剧目。

5. 礼该戏

礼该戏出现于曼谷王朝时期，源于泰国南部穆斯林居民区的地方戏剧，原来用于赞颂真主，后演变成民间的一种文娱活动，并逐渐从泰国南部向中部地区发展。初期的礼该戏使用马来语演唱，拉玛五世王时期开始使用泰语演唱，并添加了大量泰国民族主体的元素。初期的礼该戏模仿外洛坤戏，演员均为男性。后随着礼该戏的发展，则加入了女演员，但没有舞蹈动作。演出剧目大多来自洛坤剧、中国的《三国》、孟人的《拉查提腊》等历史题材的作品。

三、绘画

泰国的绘画在东南亚占有重要的地位，它主要用于宗教目的，包括壁画、金属插画和布幡画。泰国绘画艺术渗透到人们生活的方方面面，种类繁多，包括岩画、壁画、树叶画、木板画、布幡画、纸画、漆画、镶嵌画等。泰国的绘画艺术最早可以追溯至青铜时代至早期铁器时代的班青文化时期。二十世纪六七十年代在班青出土的大量彩陶、黑陶、白陶都绘有复杂的曲线和几何花纹，最初的陶器上实际是用绳线压制而成的纹路，如圆涡纹和弧线纹等。而早期的壁画，则以简单的线条勾勒出人类和动物的形象，颜色多为黑色、红色和白色。

泰国绘画题材广泛，技艺高超。

1. 树叶画

树叶画是以树叶为画布绘制的图画，主要是指兰叶经（即贝叶经）画。兰叶（贝叶），即贝罗多树的叶子，经加工后坚韧耐磨，佛教常用它来刻写经文，并在其内纹描线绘画作图。

2. 木板画

木板画是在房屋的门板、隔幔上利用雕刻工艺绘制的画，或是在木板上雕刻绘制的画，摆放至室内以作装饰用途。

3. 布画

布画是指在绢布上作的画，常见于民间，多见于佛教徒向寺庙奉献的祭幡中描绘的佛经故事或表示心愿内容的作品。《三界图》是古代布画最杰出的作品之一，作于阿瑜陀耶王朝时期。

4. 漆画

漆画分为两种。一种是以漆为颜料直接作画；另一种则是按照设计涂上漆料，然后逐层打磨上光。

5. 镶嵌画

镶嵌画是在底板上用特别的材料粘贴或镶嵌画面的画。最常见的为用鱼骨和鱼鳞镶嵌的画。利用鱼骨的光泽和半透明的折光效果进行画卷布置，并将鱼骨和鱼鳞切割、抛光成各类形状，组合成不同造型进行装饰。

6. 壁画

泰国的壁画使用干画法。泰国湿热的气候使得干画法壁画作品不易得到保存，故而阿瑜陀耶时期的绘画遗迹凤毛麟角。自孟人时期至阿瑜陀耶王朝早期，泰国壁画受到印度阿旃陀石窟和锡兰西基里耶壁画的影响。真正的泰国壁画艺术是从阿瑜陀耶后期开始形成的，到曼谷王朝时期达到高峰，色彩丰富，画面复杂。现存最好的作品是17世纪末至18世纪初期的《天神礼拜图》。

第六章 社会

第一节　人口与民族

一、人口

　　截至2017年5月，泰国人口约为6 800万人，人口总数列东南亚地区第四位，位于印度尼西亚、菲律宾以及越南之后。在居住城市中，曼谷市成为泰国人口最为密集的城市，第二次世界大战期间銮披汶政府大力鼓励人口生育，直至20世纪60年代。20世纪50年代至20世纪70年代，在政府的鼓励与支持下，泰国人口增长率保持在3%左右。快速的人口增长，严重拖累着当时泰国国家经济的发展。为解决急速上涨的失业率与贫困率，1970年泰国政府发表公报，宣布国家将促进家庭生育计划的发展，其核心内容为计划生育规划，推行"生两孩"政策。经过十余年的努力，泰国人口增长速度放缓，1983年泰国人口增长率下降至1.9%。20世纪90年代以后，泰国人口常年保持着低速增长，且增长率有所下降。2001—2010年，泰国人口增长率均维持在0.6%，2011—2014年则下降至0.4%，2015年人口增长率则跌破0.3%。

（一）年龄结构

　　20世纪90年代以来，国家人口年龄结构情况在发生着改变，主要呈现的明显特征为老龄化人口的增加，0～14岁及15～59岁人口的减少。仅2010—2015年，0～14岁的人口总数下降了1.4%，15～59岁的人口下降了1.2%，而老龄人口则上升了2.6%。由此带来的社会问题日益凸显。

老龄化是泰国社会自20世纪90年代以来表现较为突出的问题之一，尤其在近年来表现出老龄化持续且速度加快的现象。1994年全国老龄人口仅占全国人口总量的6.8%，至2002年、2007年、2011年及2014年，老龄人口占全国人口的比例分别上涨至9.4%，10.7%，12.2%，14.9%。2014年泰国的老龄人口中，女性老龄人数占比更大，达5 499 890人，高出老龄男性人数985 075人。其中，60～69岁和70～79岁年龄段人口占到整个老龄人口总数的56.5%和29.9%。从区域划分上看，泰国东北部、中部及北部成为老龄人数最多的三个区域。

伴随着社会人口老龄化的发展，众多的社会矛盾愈发突出。最突出的则是老人的赡养问题。2014年，泰国88.9%的老人无法得到子女的照顾，约有81万老年人处于独居状态，占泰国老龄人口的8.7%；而在1994年的调查中，独居老人仅占老龄人口数的3.6%。抚养压力的调查数据显示，城镇人口抚养率低于乡镇人口抚养率，发达城市老年抚养率低于不发达城市的状况。

（二）性别结构

泰国国家统计局数据显示，至2015年7月，泰国女性人口约为3 440万人，占人口总数的51.2%，男性人口约为3 280万人，占人口总数的48.8%，男女比例为95.5：100，人口性别比例构成中，女性占比更大。13周岁以上的人口中，处于单身状态的男女占39.9%。其中11.9%的单身人口处于丧偶或离异状态，在该群体中女性数量约为男性数量的两倍。从区域上看，城镇男女比例差异大于乡村男女比例，尤其在以曼谷为中心的地区，男女比例达94.2：100。

🌸 二、民族结构

泰国有30多个民族。泰国第一大民族为泰族，其他民族还有华人、老挝人、高棉人、马来人和山地民族等。泰族人曾称"暹罗人"，和中国的傣族、壮族族源相近，主要信仰佛教。

关于泰族的起源问题，目前争议很大，国内外专家学者各抒己见，至今尚无定论。主要有川北陕南说、阿尔泰山说、南诏国说、中国南方说、泰国本土说以及印尼群岛说6种说法。现代泰民族的形成是从中部泰族（泰暹族）开始的。中部泰族于13世纪在泰国中部建立第一个王朝后，历经素可泰、阿瑜陀耶、吞武里和曼谷等王朝逐渐强大，所以有关中部泰族的研究最多，门类也最齐全，包括政治、经济、宗教、语言、教育及民族整合等。泰国北部的主体民族是泰阮人或泰庸人。泰阮人或泰庸人是广义泰族的一个支系。历史上，泰阮人曾建立过兰那王国。兰那王国强盛时，势力到达缅甸的东北部、老挝的西北部及中国云南南部。泰国东北部地区称为伊善地区，由于这里土地贫瘠、经济落后，历史上也没有出现过强大的统一政权，因而我们对这一地区的研究较其他地区相对薄弱。泰国东北部也是一个多民族的地区，主要有老挝人和高棉人。泰国南部与马来西亚相邻的几个府主要是马来人的聚居区，泰国对南部的整合主要就是对马来人的整合。

1. 泰族

大约在13世纪，第一个泰族王朝——素可泰王国建立，统治了湄南河地区。素可泰王国的这支泰族经过与其他民族通婚融合后，在泰国中部地区形成了一个新的民族，即中部泰族或称为泰暹族。到曼谷王朝时期，朱拉隆功国王通过军事征服、教育同化等手段，先后把泰国的北部、东北部和南部地区纳入泰国的政治版图，使这些地区与曼谷王朝的关系由原来的藩属朝贡关系转变成为地方与中央的关系，实现了泰国行政上的统一。与此同时，一个多民族的现代国家也开始形成。

2. 华人

华人在人数上仅次于泰族，占总人口的14%左右，是泰国最大的少数民族。华人大批移民泰国是在19世纪下半叶到20世纪30年代这段时间。泰国华人多数居住在首都和外府城市。据估计，首都曼谷的居民中华人占40%。华人在泰国政治、工商、金融、旅游业、传媒业中起着举足轻重的作用，并占据重要位置。在泰国的华人中，有一部分被称为"霍"或"津霍"的云南人（部分为穆斯林），主要居住在清莱、清迈、夜丰颂等府。

3. 老挝人

老挝人主要分布在北部及东北部呵叻高原，直至老挝境内，主要居住在泰国东北地区。泰国东北地区的老挝人，是自17世纪澜沧王国末期开始，从老挝大量迁移到今泰国东北部地区的。他们长期与老挝人民有着十分浓厚的亲缘关系，饮食习惯、服饰穿着、语言等都十分相同或相近，但对泰国具有强烈的认同感，认为自己是泰国人。

4. 高棉人

高棉人主要分布在与老挝和柬埔寨接壤的泰国东北部和东南部的几个府。

5. 马来人

马来人主要居住在泰南半岛上，人口约200万，主要居住在马来半岛的沙敦府、北大年府、也拉府和陶公府，多信奉伊斯兰教。马来人在曼谷及东南部地区也有少量分布。

6. 山地民族

泰国境内的山地民族有20余个，主要生活在北部及西北部地区，多为跨境民族。其中较大的民族有克伦人、苗人、瑶人、哈尼人、傈僳人等。由于山地地形的自然条件的限制，山地民族还保留了部分刀耕火种的生活生产方式，且经济水平及受教育水平均较低。

第二节　宗教

泰国被誉为"黄袍佛国"，全国94.6%的人信仰佛教，其次为伊斯兰教和基督教，分别占全国人口的4.3%和1.0%。此外，其他宗教信仰还有婆罗门教、印度教、锡克教、原始崇拜宗教等。

一、佛教

约公元前3世纪，佛教从印度传入泰国境内。泰国佛教传播深受印度教的影响，历史上婆罗门教、印度教、大乘佛教、上座部佛教（俗称小乘佛教）都曾在泰国流传。泰国处于东亚文化十字路口的关键位置，深受印度文化、中华文化、伊斯兰文化、基督教文化等的冲击，使得现今泰国佛教文化也体现出了多种宗教的影子。泰国教育部下设宗教事务厅负责协调各级政府与僧侣组织之间的关系，并每年拨付经费支持佛教事业的发展。

（一）佛教教派

泰国传统佛教教派有法宗派和大宗派。

法宗派由拉玛四世蒙固王创建，至今还不到150年，主要流行于以王室人员为首的贵族阶层信徒中，信徒少且寺庙较少，但实力雄厚，掌握上层僧伽的领导权。该派注重经典，既要掌握经论也要严格持戒，不许穿金戴银，行必赤足等。法宗派总部设于母旺尼域寺。母旺尼域寺为法宗派高级佛学研究中心。

大宗派为泰国佛教历史最久的宗派，现在主要流行于广大民间。此派僧人持戒较宽，可以抽烟、嚼槟榔、接触金银钱财。

（二）佛教等级

泰国僧伽系统依照行政区划分为四个大区，每个大区下设18个区，每个区管辖三至四个府。僧侣的最高领袖为僧王，僧王下有副僧王。僧侣分为沙弥和比丘。国王有权从有名望的大长老中选出一名德高望重者为僧王；政府则可以从人事和财政权等方面控制和制约佛教的活动，而且规定僧人不得参与政治，沙弥和比丘及修道者不得行使选举权。

根据资历和学历，泰国僧侣被划分为不同的等级。当了10年僧侣的人被称为长老。僧侣要通过一系列考试，通过3次初试考试的称为"涅探"，第一次"涅探"及格后，才能免服兵役。僧侣要获得较高的声誉还必须经过佛经研究七级。除了全职僧侣外，寺庙中还有许多见习僧侣和沙弥。泰国第二十任僧王为来自曼谷的瓦叻察波披沙提摩诃西玛兰佛寺的方丈颂德帕摩诃穆尼翁，高龄90岁，为法宗派的最高长老，也是泰国僧伽委员会的19位高僧委员之一。

🌸 二、伊斯兰教

（一）泰国伊斯兰教的发展历程

伊斯兰教是泰国的第二大宗教。泰国穆斯林主要是马来血统泰人和外国穆斯林后裔，泰国99%的穆斯林派别为逊尼派。通过泰国出土的兰甘亨碑铭上的记载，可推断在13世纪时阿拉伯商人已经将伊斯兰教传入泰国。随着马六甲王国的不断扩张与兴起，伊斯兰教也逐渐向马来半岛内地发展。素可泰王朝时期，泰国实行不排外政策，吸引着部分阿拉伯国家商人及印度穆斯林到泰国经商与安居，形成穆斯林聚居地。阿瑜陀耶王朝时期，在泰国南部马来半岛上曾出现一个附属于当时泰国中央王朝管辖的国家——北大年王国（或称北大年苏丹）。其领土主要为现今的北大年府、也拉府、沙敦府和陶公府地区。该地区深受马六甲王国和苏门答腊巴塞王国伊斯兰文化的影响，并被当地人民所接受。直至1518年，北大年王国国王杜因提拉最终皈依伊斯兰教，并将其国名更改为北大年达鲁萨兰国。当伊斯兰教取代了王室中的佛教后，北大年地区的社会和文化的整体结构发生了根本性的变化，以原有的文化与印度教结合的佛教社会被以伊斯兰文化为基础的马来社会所取代。17世纪，伊斯兰教在泰国已有一定的声势，但由于佛教在泰国的较高地位，伊斯兰教并没有得到较大的发展。之后，北大年王国曾经历多次反叛，最终被曼谷王朝所镇压。19世纪中叶，曼谷王朝拉玛四世王改变了以往排斥异教的做法，主张宗教自由，泰国伊斯兰教由此得到了国家政府的保护。1901年12月，北大年苏丹王国正式消亡，归属政府管辖。此后，政府重视伊斯兰教的发展，出资拨款修建穆斯林聚集区的清真寺庙、尊重穆斯林风俗等。拉玛四世王曾出资将《古兰经》翻译成泰文；拉玛九世王普密蓬曾多次出席泰国穆斯林的相关节庆活动，并发表庆祝演说，或派出代表每年参加伊斯兰教的纪念活动。除在泰南四府外，还有少部分穆斯林居住在泰国中部和北部。中部的穆斯林主要为曼谷王朝初期，北大年王国穆斯林战俘以及流民迁徙的民众和后裔。北部清莱府、清迈府和南邦府的穆斯林则大部分是从云南迁徙到泰国境内的穆斯林后裔。

（二）泰国伊斯兰教的管理

伊斯兰教在泰国的发展多少也呈现出政治化或者说体制化的特点。从阿瑜陀耶王朝时期开始，泰国就开始设立伊斯兰教教长。根据1997年泰国颁布的《伊斯兰教机构管理法案》的规定，伊斯兰教教长由总理提名、国王任命，拥有管理全国伊斯兰教事务和向各机构就伊斯兰教事务提出建议的权力。在前任教长离世或国王在总理建议下解除前任教长职务时，将重新推举新教长。此外，现今的泰国还有多达24个伊斯兰教组织，其中于1954年成立的泰国穆斯林全国委员会为全国伊斯兰教最高组织。该委员会由经国王任命的至少5位穆斯林委员组成，伊斯兰教教长为其主管领导。在这之下，泰国政府又加设各府委员会管理府一级的伊斯兰教事务。除此之外，泰国现有的其他伊斯兰教组织还有改革维新协会、圣道辅士会、善功之家清真寺联会、曼谷伊斯兰中心等。

三、基督教

基督教最早伴随着西方殖民者的殖民扩张在泰国萌芽、传播，并最先由葡萄牙人传入。泰国国家统计局2014年的统计结果显示，泰国基督教的信众为617 492人，约占全国人口的1.1%，信徒的分布也比较集中。在泰国中部和南部地区，基督教信徒多集中于大城市，而在农村及偏远地区则多以佛教信徒为主。而到了泰国的北部和东北部，情况便发生了变化。在北部，基督教徒在数量上和组织上的集中化程度都超过全国其他大部分地区，特别在北部山地地区，以克伦人为代表的部分山地少数民族信仰的就是基督教。泰国的基督教分为天主教和新教两个教派，均在梵蒂冈教廷的管辖之下。目前泰国宗教厅只承认泰国基督教总会、泰国基督教联会和美南浸信会三个教会组织为合法基督教机构。

四、婆罗门教、印度教

婆罗门教大约于公元前1世纪或2世纪传入东南亚国家，与佛教传入东南亚国家的时间大致相同。现存于曼谷国家博物馆的帕那莱神像为迄今在东南亚地区发现的最早的婆罗门教神像。5世纪后，婆罗门教在泰国达到鼎盛。之后虽然佛教在泰国广为盛行，但婆罗门教依旧在上至皇宫下至民间均得到重视。现今，诸多皇室活动依然沿用婆罗门教礼仪，如一年一度的春耕节。婆罗门教特瓦沙昙神庙被列为泰国宫廷事务部的下属机构，负责举办宫廷庆典仪式工作。

8世纪，印度教传入泰国。现今，印度教教徒多为拉玛五世王朱拉隆功大帝时期移民至泰国的印侨，其领导机构为"印度达摩大会"。

第三节　传统风俗

一、礼制

泰国是多宗教信仰的国家，宗教是维系社会成员的重要纽带，并在社会生活中占有举足轻重的地位。泰国文化源远流长，距今已有千余年的历史。因受到印度文化、中国文化、西方文化和孟人文化的影响，泰国文化在历史的长流中不断地丰富和繁荣。礼制是泰国文化的重要表现形式，也是区分泰国人与他国人最直接的行为方式。

1. 站姿礼仪

泰国人站姿讲究舒适、优雅、挺拔，两腿自然站立与肩平齐，手自然垂立或优雅地弯曲。在倚靠物体，如墙壁、树木、篱笆、柱子等时，也须保持优雅的站姿。一般不站在黑暗处注视过往的人群，特殊职业或军人除外。在公共场合摆出各种带有诱惑性质的姿势也被认为是不可取的。当与他人一道站立时，泰国人会注意不可遮挡着他人的前方，如若处于人前，则需要注意前后方人群的走向，以免踩踏到他人。按照传统习俗，晚辈须站立于长辈或上司之后。当须站在他人前方或站立位置靠近妇女时，须先说表达歉意的话"对不起，打扰了"。在重要场合与长辈、领导站立交谈时，晚辈的站立高度须低于长辈或领导的站立高度。此外，泰国人站立时一般不会站立在晚辈的左侧或长辈的右侧。当泰国人站立于领导或僧人的前方时，须与其保持一定的距离，并站于其斜侧。男子可保持双腿微张直立状，女子则须双脚并拢。

2. 走姿礼仪

泰国人走路时，讲究等级制度。当一人行走时，必须保持优雅与挺立。走路时不可打闹、嬉戏。走路声音尽量轻柔，步伐不宜过大，尤其是女子。当和领导或上司同行时，行走速度不宜过快，须照顾好周围人的行走状况。一般情况下，领导或上司走在前方，晚辈、下属等则在后跟随，并保持适当的距离。当向领导或上司汇报工作时，则须行于其左侧距离三两步的位置。当路过领导或从正在交谈的他人身后路过时，须自然弯背，低头前行。当路过地位较高的领导或人物时，如皇室成员等，则需要施跪行礼，即以膝盖代替双腿行走，且背自然下弯，头顺其下垂，以衷尊敬之意。跪行礼为泰国当代社会中的最高礼仪，常在与地位极高的人物交流中使用。如需与皇室成员交谈，则须先跪行至其附近处，换手匍匐至皇室成员脚趾处，后行跪拜礼。当与僧侣同行时（一般为男子），则须行于僧侣左侧，背部自然弯曲，双手交叉叠掌十指并拢，自然垂立放于前方或行合十礼放于胸前。当僧侣路过跟前时，须停止一切活动，行合十礼，直至僧侣离开。

3. 坐姿礼仪

在古代，泰国人常席地而坐，直至却克里王朝五世王后才开始改坐椅子。如在私人场合，男子可席地盘腿而坐，女子则需侧坐。当坐于椅子上时，须自然危坐（占座椅三分之二），双腿并拢，腰部挺直，双手叠放于双腿之上，不可将小腿后放。女子入座前，则须先坐半张椅子后再逐渐坐满整张椅子，两脚保持并拢，男子可保持两脚微张状。入座前，须请长辈或领导先行入座后，再自行坐下。离座时，则须先行站立后，告知离去并行合十礼。当会见地位较高的领导或人物时，当其坐在椅子上时，晚辈须侧腿坐于地上，头部高度约达长辈或领导的手肘位置。男子可一脚掌叠放于另一脚膝盖之下侧坐，女子则须将脚掌放置于另一脚踝之下侧坐。当会见重要领导时，男子席坐须着筒袜，女子席坐须着过膝裙，并确保坐姿优雅。参加会议时，如需坐于他人身旁前，须先询问是否有人在此处坐下，经周围人同意后方可坐下，并应动作轻柔，音量放小。坐下后，如若想咳嗽、打喷嚏等，须用手帕捂住鼻嘴，音量尽量压低，后向周围人报以歉意。

4. 睡姿礼仪

现代泰国社会中依旧保留着一套睡觉礼制。睡前，晚辈须向长辈道晚安后，回屋洗手、洗脚、洗身、刷牙、换衣，而后根据信仰进行睡前礼佛。起身后，须再一次洗手、洗脚、洗身、刷牙、换衣。这一传统在老一辈泰国人中仍保持较好。泰国传统睡觉礼制中，女子睡于男子左侧，不可高于男子。女子须睡于丈夫后，起于前。此外，房间床位的布置应该遵循脚不对门，头朝北或东、不朝西的传统。因为在泰国传统中，只有过世的人摆放位置才是脚朝门、头朝西。如若床放置错误，则会被认为是不吉利。

5. 拜姿礼仪

合十礼源于印度，最初为佛教徒之间的跪拜礼仪，后发展为全民礼仪。在泰国施合十礼时，双手合十，十指直立向上，头微微低下，身前倾弯曲，叩念"萨瓦迪卡"。"萨瓦迪卡"原意为如意，国家强盛吉祥之意。泰国合十礼主要分为跪合十礼、蹲合十礼、站合十礼三种。三种合十礼分别跪拜于不同等级的人群。跪合十礼为跪拜高僧、僧人或皇室成员时所用。当跪拜僧侣时，双腿下跪，双手合掌于两眉之间，跪拜三次。拜见国王或王后、王子、公主时，则须匍匐于地，行跪拜礼。蹲合十礼为日常拜见长辈、父母、较高等级领导或荣誉授予时使用。行礼时双腿下蹲，女子单腿向后退一步后下蹲，双手合十，掌尖举至鼻处。站合十礼为佛教信徒之间，同级官员、同事等相见时使用。将合十的掌尖放于胸口和口前。僧人一律不予以回礼，长辈回礼可将合十的掌尖放于胸口前即可。拜佛或僧人，拇指尖在眉头；拜长辈，拇指尖在鼻尖；平辈互拜，拇指尖在下巴，中指尖在鼻尖。

✿ 二、服饰

泰国人的服装，总的来说比较朴素，在乡村多以民族服装为主。泰族男子的传统民族服装叫"绊尾幔"和"帕农"。"帕农"是一种用布缠裹腰和双腿的服装。"绊尾幔"的穿法是用一块长约3米的布包缠双腿，再把布的两端卷在一起，穿过两腿之间，塞到腰背处。"绊尾幔"是泰国平民中流传最长久的传统服装之一。女筒裙是泰国女子下装，筒裙同纱笼一样，布的两端宽边缝合成圆筒状，穿时先把身子套进布筒里，然后右手把布拉向右侧，左手按住腰右侧的布，右手再把布拉回，折回左边，在左腰处相叠，随手塞进左腰处；穿时也可以用左手以同样动作向相反方向完成。在政府或重要场合，男子习惯着制服或西装，女子则喜欢穿合体西裙或筒裙。学生在校园内须着统一校服。进入寺庙者，须按照宗教规定身着合宜的衣服。

泰国山地民族服饰又有着不同的特点。克伦人的服饰为手织布，以红白色为主色，附以蓝色或棕色的竖条纹，针脚清晰且具有装饰作用。男装的纹饰较简单，女装的纹饰较复杂。拉祜人在宗教仪式中则会穿着绣有花边的黑衣服，衣袖和口袋上一般都有不同颜色的花饰，不同的颜色标志着不同的分支。何孟人妇女一般穿着麻制蓝白蜡染的褶裙，上衣是黑色带刺绣的芝边。男人的衣服较宽松，配黑色带刺绣的花纹。银器在何孟人中既是装饰也是财富的象征。傈僳人衣服都是用黑蓝色的家纺棉布制成的，妇女的衣服上有刺绣和彩条装饰，并饰以挂件。女人的服装包括及膝长衫、短裙、腰带和绑腿，最有特色的是头饰，越是年龄大的妇女头饰越为复杂。男人穿宽松的黑布长衫，配以条形纹饰。瑶人妇女喜欢在脖子上装饰长长的黑红相间的毛流苏，下着纹饰复杂的黑色裤子。男人着宽松的黑色衣裤等。

此外，泰国拉玛九世王王后诗丽吉为发扬泰国传统服饰文化，对女子的传统服饰进行了统一规范，确定了九种女子传统服饰的类型，分别是兰顿服、吉叻服、阿玛林服、布笼皮曼服、却克里服、切克里帕服、杜锡服、悉瓦赖服，以及布拉育服。九种礼服在正式典礼、宗教仪式、皇室庆典、勋章绶带活动、婚礼、晚宴等场合穿着。

🌸 三、饮食

泰国地处热带地区，雨热充沛，为植物的生长和河流中水生物的繁殖提供了良好的条件。在古代泰国的石碑上，就有用"田中有米，水中有鱼"来形容泰国物产丰富的记载。此外，中南半岛中间地带的位置，使得泰国菜系也如其文化一般，融入了各种菜系的做法，泰餐显得更为丰富和与众不同。泰国菜的主要烹饪方法是凉拌、烤、炸、煮、蒸、炒和炖。泰国菜的调味来自印度南洋菜系，炒菜等烹调手法学自中国。古代泰国的就餐方式为用手直接抓食，现今则主要选用叉子和勺子进食，但在东北部还有较多人喜好用手抓米饭进食。

大米在泰餐文化中占据着重要的位置。泰国水稻品种繁多，至今仍是世界重要的大米出口国之一。远近闻名的茉莉香米以其独特的香味和细腻的口感成为世界米种中的贵族。此外，新米、糯米等也是重要的出口产品。由大米制品衍生出来的美食更是数不胜数。煮熟的米饭可以结合新鲜的海产品进行烹炒，也可以浇上各类咖喱汤汁直接食用，此外还用米浆做成各类米线等。

泰国的水果产量大，品种繁多。单是杧果，就有十余种不同的吃法。泰国人喜欢以水果做菜肴，雕刻成果雕，或佐以盐、糖、辣椒粉、烂鱼酱等一同伴食。常见的泰国水果有番荔枝、榴梿、番石榴、波罗蜜、龙宫果、龙眼、荔枝、山竹、柚子、红毛丹、莲雾、阳桃等。

据统计，泰国各地甜点有200多种，除了新鲜水果外，其常用的食材有：鸡蛋、用大米磨成的米粉、糯米、莲子、棕榈糖、椰子、香蕉、木薯粉等，以此制作各种各样的甜点，如椰衣黑方糕、椰蓉馅糍粑、黏糕等。另一特色是喜欢用各种芳香的花为原料制成糖浆，煮制液态的甜品，比如椰浆甜粉蕉汤等。

泰国使用的调料制品多是从植物中提取所得。如用鱼露、虾酱、椰奶等提鲜，用柠檬、香茅等调酸味，用小辣椒、咖喱等增加辣味，用大蒜、红葱头、南姜等加入辛味，用九层塔、芫荽等提取香味等。

❀ 四、生活习俗和信仰

泰国人打招呼的方式为施合十礼，双手合十成祈祷状，称为"Wai"。在正式场合或尊称前，一般在称谓语前加尊称"Kun"，表示尊敬。用足、脚趾指物被认为是不礼貌的行为。头部被认为是身体上最重要的位置，不可轻易拍打他人的头部，在长辈或领导面前讲话需要低下头，以表示恭敬。公共场合，男女间不可过分亲昵，如接吻、拉手等。禁止在公共场合谈论皇室，听见国歌响起应停止一切活动并肃立。

进出泰国寺庙必须打扮得体、端庄。不可身着短裙、短裤或暴露胸部、背部的衣服进入寺庙。女子着裙须过膝盖。进入佛堂、教会、私人住宅等均须穿拖鞋，不可踩踏门槛。在寺庙内，女性须主动与僧侣保持距离，不可主动触碰僧人。诸多佛事，或呈献布施物品，可由男性代交或放置于僧侣的钵或黄布之上。

众所周知，泰国为佛教文化盛行的国度，被誉为"黄袍佛国"，诸多信仰与佛教有着密切的联系。从原始人类时期的自然崇拜，到各大文化对泰国的影响，泰国呈现了丰富多彩的佛教文化。印度教、婆罗门教信仰在泰国人心目中也有着崇高的地位。即便是泰国皇室，也沿袭着诸多的婆罗门教的传统习俗。除此之外，在泰国的传统文化中，鬼神及万物有灵的说法也深植于人们的内心。人们认为那些无法看见的东西是有灵魂与生命的。这些让人敬畏又害怕的生命，泰国人称之为"Pi"，即"鬼"。泰国人把"鬼神"分为三类，即善鬼、恶鬼和精灵。善鬼在后来又被称为天使、仙女，天使是住在天上的善神，不轻易伤人，除非人将其惹怒。恶鬼则是阴暗、险恶、会伤人的恶灵。精灵既不是善鬼，也不是恶鬼，他们存在于山川河流、大地苍茫之间，有时也被称为天使（TaoDa）或鬼（Pi），低等级的精灵则被称为"Zao"。泰国的信仰主要分为两部分，即迷信和愿望，具体细分为以下类别：自然现象崇拜，江湖民间药物信仰，运气迷信信仰，吉时、异象、梦境信仰，婆罗门教符咒法术信仰，人类或动物特性崇拜信仰，职业信仰，关于习俗的信仰，下蛊或解蛊信仰，地域、天堂、生死轮回信仰，对日期、数字好坏的信仰。而对泰国人最重要的三个仪式则是出生仪式、结婚仪式和死亡仪式。它们标志着人的整个生命的周期。

🌸 五、节日

当代泰国的节日大致可以分为四类。一是世俗传统节日，包括旧历新年宋干节和水灯节；二是传统佛教节日，通过佛教仪式来纪念佛三宝和弘扬佛教；三是与王室相关的节日，主要以王家典礼的形式进行庆祝，如大王宫纪念日、国王登基日、春耕节、王后的生日（母亲节）、国王的生日（国庆日）以及朱拉隆功大帝纪念日等；四是政府制定的其他节日，如公历新年、儿童节、青年节、教师节、三军节、公务员节、劳动节、童子军日、民主日、体育日和宪法日等。这四类当中的重要节日都是法定假日。泰国是采用佛历纪年的国家，以佛祖涅槃的那一年（公元前543年）作为元年，公历2000年即为佛历的2543年。

1. 宋干节

宋干节（每年的公历4月13—15日）是泰国最重要的节日之一，为泰历新年，是国家法定假日。节日的主要活动有斋僧行善、浴佛、沐浴净身、泼水祝福、敬拜长辈、放生、歌舞游戏、美女游行等。

2. 万佛节

每年泰历三月十五日为泰国的万佛节，如逢闰年，改为泰历四月十五日。万佛节是佛教的重要节日。清晨，佛教信徒们带着鲜花、香烛和施舍物品前往附近寺院，进行施斋、焚香、拜佛活动。晚上，人们留宿寺庙通宵听经、巡烛，接受佛光洗礼。

3. 春耕节

春耕节为泰国宫廷的重要大典之一，源于婆罗门教，国王或其代表主持祭祀天神仪式，以祈求风调雨顺、五谷丰登。春耕节多定于6

月初，具体的时间则由婆罗门法师占星推算，并在元旦前公布。节日分两天进行，第一天在玉佛寺内举行"吉谷"仪式，第二天则在曼谷的王家田广场举行婆罗门教的"春耕礼"。在春耕节仪式之后，国王或其代表向前一年各府稻谷产量最高的农民及最佳农业合作社颁发奖品，春耕节大典仪式就此结束。仪式结束后，王家田围观的千千万万群众一齐拥入广场，捡取播种的稻种，祈求来年粮食的丰收。

4. 水灯节

水灯节是在泰历的十二月十五日，这是一个充分体现泰国青年男女旖旎恋情的节日。人们用鲜花、香蕉叶、香蕉干和香烛制作美丽的水灯，并将水灯放入水中，让其随水波而去，以感谢河神，祈求安康。此外还有燃放孔明灯、花车游行、僧侣念经等活动。

第四节　教育与医疗保障

一、教育

（一）初等教育、中等教育

泰国早期的教育与佛教有关，教育活动主要在寺庙中进行，教育形式主要是僧侣给男孩传授经文和语言文字，僧侣便是教师。当代泰国实行强制性的初等义务教育。年满6周岁的适龄儿童需要到学校接受初等教育直至11岁。小学毕业后，学生可进入初中接受普通教育，也可进入职业中学接受职业教育。小学课程包括五个方面：泰语、数学、生活体验、品行教育和职业基本知识。总的教学实践为6个学年，每学年的上课时间不得少于40周。在小学教育中，佛学教育被并入到社会实践和品行教育之中。一般非特殊宗教的学校需不定期举行佛教寺庙学习和佛教培训活动。

泰国中等教育是非强制性的义务教育。泰国中等教育主要分为两类，一是普通中学，二是职业技术学校。中等教育课程主要分为3部分：必修课、选修课和活动课。初中和高中的课程都采用学分制。初中课程中必修课占57个学分，选修课占33个学分，活动课占15个学分。泰国中等教育除了注重知识和理论学习以外，还注重基本技能、生活经验、道德教育和劳动教育等学科培养。

高中课程也分为必修课、选修课和活动课3个部分。高中课程中必修课占45个学分，选修课占45个学分，活动课占9个学分。

（二）高等教育

《泰国第二个十五年高等教育长期发展规划纲要（2008—2012）年》指出，影响泰国高等教育体制的内在因素包括以下七个问题，即人口结构变化、能源与环境矛盾、未来就业率与劳动力市场需求间的失衡、市场权力分散下放的影响波及、社会暴力与冲突，以及未来青少年劳动自主性的缺乏。而影响泰国高等教育的外在因素则是在全球化的影响下，泰国与东盟以及美国、欧盟、中国、日本、印度等诸多域外国家或组织在世界经贸、非传统安全、政治交流与合作等领域的合作加深，也进一步促进了泰国对高素质劳动力的需求。

泰国高等教育萌芽于拉玛五世王时期。1889年拉玛五世王朱拉隆功在西里拉医院创建医学专业学院，并于1897年建立泰国法律学校，1902年建立皇家侍从学院等学府。1910年皇室将皇家侍从学院更名为文职学院。在这一时期，高等教育的宗旨为培养皇室子女和输送政府官员，招生对象仅局限于皇室子女、官员后代和极少量民众，并未将高等教育的光辉普及至平民阶层。而泰国真正意义上的综合高等学府则是由拉玛六世王建立的。拉玛六世王继承其父拉玛五世王发展教育的理念，于1917年将文职学院升级为朱拉隆功大学。朱拉隆功大学建校初期仅开设有医学院、政治科学院、工程学院、文学院四个学院。1932年，泰国政变，泰国由君王封建统治国家变为君主立宪制国家，次年泰国第二所高等教育院校泰三国国立法政大学成立。建校初期，该学校是一所"开放"的大学，曾采取开放的招生方式，凡在政府部门就职的公务人员都可以进入法政大学学习。这实质上是泰国开放大学的第一个模式。之后法政大学转变为一所采取封闭式招生形式的教育机构。1943年又有三所分别专攻医学、农业和艺术类的专科院校成立。20世纪60年代中期，泰国地方高校开始逐渐发展起来，相继成立了清迈大学、孔敬大学及宋卡大学。1969年，泰国《私立教育机构法》获得通过，该法为泰国私立大学的快速发展奠定了坚实的法律基础，使私立大学获得了与国立大学同等的课程设置权及学位授予权。

　　1971年及1979年，两所开放性大学兰甘亨大学和素可泰大学建立，并对外招生，象征着泰国大学开始逐渐走向国际化与平民化。学校实行宽进严出的政策，开放性大学学生所缴纳的学费也远低于其他大学，并且学生在8年时间内完成指定的学分和考试考核即可获得相关学位，这使得开放性大学获得许多平民家庭和选修第二学位的学子的青睐。1997年经济危机爆发后，泰国政府更加重视教育在经济发展与社会稳定中发挥的作用，并将教育改革提上了国家建设的议程，此外，泰国政府还进一步加大了对教育领域的投资。1999年，《泰王国教育法》完成修订。截至2016年，泰国已建立的高等教育机构共计178个，其中包括政府公立大学77所，公立学院8所，公立高等专科学校8所，公立军士警察学校4所，私立大学43所，私立学院12所、私立高等专科学校18所，继续教育学院8所，共接纳在校大学生250余万人。校址位于曼谷的大学共35所，全国其他76个府中共有143所高等教育机构。目前泰国高等院校发展良好，在2013年的世界大学排名中，泰国的朱拉隆功大学与玛希隆大学入选世界优秀大学前500名，泰国有9所大学入选2013QS亚洲大学。著名的泰国大学有朱拉隆功大学、法政大学、农业大学、清迈大学、孔敬大学、宋卡王子大学、玛希隆大学、诗纳卡琳威洛大学、易三仓大学和亚洲理工学院等。

　　《2017—2031年国家教育发展规划》对未来泰国教育的发展进行了整体规划，并确立了八项教育发展规划，即教育信息管理系统战略、优化升级学校管理战略、权力下放学校战略、人才管理机制战略、教育资源与教育财政规划重组战略、创新教育资源与资金运作战略、发展国民终身学习战略、发展中国家人力资源培育与发展（职业教育场所/高等教育场所）战略。此外该发展计划指出，需加大对于高等教育的扶持力度，尤其是对贫困学子的帮助，建立完善的教育贷款制度与还贷制度，帮助学子完成相关学业的深造。

　　20世纪90年代中期以来，教育预算资金长期维持在国家财政预算的20%以上。2009—2016年，泰国政府对教育预算占国家财政预算的比例份额做了一定的调整，将比例值从2009年的22.85%降至2016年的17.85%，但对于高等教育的资金投入占国家财政预算的资金比例则常年保持在4%左右，且高等教育预算资金占教育预算资金的比重也在逐年增大。

❦ 二、医疗保障

2002 年以前，泰国政府实施全国健康保障计划，由政府的税收所得向所有的政府雇员、政府的离退休人员及其亲属的公务人员进行支付的医疗保障方案，2002 年，泰国政府开始实施全国医疗保险计划即30 泰铢医疗计划。在此期间泰国政府致力于从普及力度、服务支出以及服务质量三个维度出发，大力推进国家的医疗事业发展。全国医疗保险计划——30 泰铢医疗计划是由泰爱泰党在 2001 年的大选中提出的，并获得了广大人民群众尤其是低收入群体的支持。2002 年《全民健康保障法》获得了泰国议会上下两院的通过并在全国推广开来。2002 年，泰国公民可获得政府卫生医疗保障保险的类别共有五种，分别为政府人员福利保障计划、社会保障计划、全国医疗保险计划——30 泰铢医疗计划、地方雇员福利计划，以及其他政府部门的福利计划。截至 2015 年 9 月，泰国共有 6 558 万民众具有办理各类国家医疗卫生保障的权利，参与到政府保障体系中的人口数量为 6 553 万人，覆盖全国人口的 99.92%。其中，可注册全民医疗保险计划——30 泰铢医疗计划的民众人数为 4 838.6 万人，而已注册加入该医疗计划的民众人数达 4 833.6 万人，占比为 99.9%。全国医疗保险计划——30 泰铢医疗计划覆盖泰国人口总数的 73.7%，为关乎全国健康福利事业发展的重要措施。

泰国医疗保障系统共分四层：第一层中央管理机构为卫生部，第二层政策实施与基金管理机构为国家健康保健办公室，第三层为各府县卫生局、卫生委员会，第四层辅助组织为卫生志愿者。《国家健康保障法》规定设立政策决策和统筹工作的全国健康保障委员会和进行日常管理及政策实施的全国健康保障办公室。全国健康委员会将全国分为 13 个医疗区，各医疗区分管几个府级单位的医疗事宜。

国家财政用于医疗卫生的预算支出，常年保持着稳中有升的态势，从而为泰国医疗体系的有效实施提供了坚实保障。

第五节　　非政府组织

　　泰国学者最早将NGO称为慈善机构或公益组织，后称之为民间发展组织或非政府组织。2002年泰国朱拉隆功大学社会研究院第一次在其研究报告《泰国公益组织报告》中使用国际非政府组织分类标准来划定泰国非政府组织，并将其划分为11类，即文化、文娱、宗教类，学术与研究类，公共卫生类，社会服务类，社会福利类，环境类，促进农村与城市发展类，法律与政治竞选活动类，慈善与志愿工作类，国际活动类，经贸、职业和劳动力类。

　　截至2016年1月31日的统计结果显示，在泰国注册的国内外环境保护非政府组织共有256个。2003年，泰国朱拉隆功大学社会研究院按照组织目的进行分类，将泰国境内的环境类非政府组织大体分为两类。第一类是在泰国早期形成的环境类非政府组织团体。该类社团成立之初多为国外环境保护社会团体在泰国境内设立的分支机构，或是与国外环境类保护相关的社会团体，或是共同鼓励泰国民众增强保护环境意识的社会团体。第二类属于促进农村与城市发展类社会团体的分流社团，是致力于在环境保护与区域发展相结合的思路下，依靠社区参与、民众自身发展、地方文化、村社智慧、村民权利和成立联盟整体管理等方面，推动区域经济发展与自然保护协调发展的社会团体。

第七章 外交

第一节　对外政策

20世纪70年代，泰国逐渐改变了单边的外交政策，转而向多边外交合作发展。泰国政府采取了独立自主的全方位外交路线，坚持尊重独立、领土主权、平等、互不侵犯和互不干涉内政的原则，努力与不同政治制度的国家建立良好关系。20世纪70年代中后期，泰国先后与中国、越南等国建交，与老挝、柬埔寨和缅甸等邻国改善了关系，并逐步发展了与苏联和东欧国家的关系。在立足本地区、加强东盟内部团结与合作的基础上，泰国努力发展与美国、苏联、中国的友好关系，但在具体政策上又以对美外交为重点，这样泰国既能获得美国的经济军事援助，且获得了和平稳定的国家发展外部环境。

20世纪80年代末，苏联和东欧的社会主义体系发生巨变，美苏两强冷战格局瓦解，国际体系发生重大变化。伴随着国际体系的改变，泰国的外交政策也日益走向全方位与多元化，与世界许多国家建立了友好合作关系。

近年来，泰国奉行独立自主的外交政策和全方位对外交往方针。从对外交往主体层面看，随着东盟共同体发展进程加速，泰国在处理对外关系时，除了不断加强对外双边或多边国家的联系合作外，还努力以东盟作为对外交往的依托；在保持与美国传统盟友关系的同时，积极发展同中国、日本、印度以及周边邻国的友好关系。从对外交往平台上看，泰国重视国际与区域间的友好合作往来，积极推动东盟一体化进程，踊跃参加亚太经济合作组织、亚欧组织、世界贸易组织、东盟地区论坛、博鳌亚洲论坛和"一带一路"国际合作高峰论坛等国际组织活动，积极在国际舞台上发声。

第二节　　与联合国的关系

　　1946年12月16日，暹罗加入联合国，并成为联合国第五十五个成员国。1949年，暹罗将国名改为"泰国"，并正式在联合国舞台上使用"泰国"这一国名。之后，泰国积极履行作为联合国成员的义务，多名泰国政要曾在联合国担任职务。1957年，泰国旺·威泰耶抗·瓦拉旺亲王出任联合国第十一届大会主席。2003年，曾任泰国总理的阿南·班雅拉春被推举成为联合国改革问题高级别名人工作组主席。

　　此外，泰国曼谷是联合国在亚洲和太平洋地区的活动中心，也是联合国亚洲及太平洋经济社会委员会（亚太经社会）的所在地。亚太经社会是联合国负责亚太地区区域发展的附属组织。亚太经社会共有53个成员国和9个准成员国，地理范围西起土耳其，东至太平洋岛国基里巴斯，北起俄罗斯联邦，南至新西兰。近年来，泰国同联合国在气候变化、联合国开发计划、儿童保护、劳工组织、卫生工作、艾滋病控制与治疗等诸多方面展开合作。

第三节　　与美国的关系

　　泰美关系有着悠久的历史，泰国与美国于1833年建交，是美国在亚洲地区最早建立外交关系的国家，泰国被称为"非北约主要盟国"。美国驻泰国大使馆位于首都曼谷的大使馆区，是美国国务院规模第三大的海外使馆，其占地规模仅排在美国驻伊拉克使馆和美国驻华使馆之后，也因此成为东南亚最大的美国使馆。

　　20世纪60年代后期，在美国总统尼克松实行全球战略收缩等因素的影响下，美国对东南亚事务的兴趣开始锐减并开始撤离军事力量。这个时期的泰国也开始逐渐恢复传统的灵活外交方式，并着手改变与邻国老挝和越南的紧张关系。自1970年始至1976年，美军完全撤离泰国。

20世纪80年代，美苏两国冷战格局进一步激烈，伴随着苏联在东南亚地区的政治扩张，美国重新重视起与包括泰国在内的东南亚等国家间关系，主动为它们提供军事援助和举行军事演习。

20世纪90年代初期，泰美两国在解决柬埔寨问题上存在争议，加剧了两国关系的矛盾冲突。此后，泰国通过了拒绝美国飞机过境飞往柬埔寨和禁止在泰国建设军事基地的提案。而美国就人权、劳工等问题制造对泰贸易壁垒，并以泰国在商标和计算机软件方面侵权为由，将泰国列为特别观察国名单并撤销了部分对泰国的经济援助。至此，泰美关系走入低谷。1997年亚洲金融风暴期间，泰国深陷金融风暴泥潭中心时，美国除了赞同国际货币基金组织对泰国的170亿美元的救援计划外，并无其他实质性经济援助。这促使泰国在一定程度上逐渐加强同东盟、中国、韩国、日本、印度、缅甸等国家的关系。

"9·11"事件以后，美国重新审视了东盟地区作为反恐战场的重要性，并重新审视美国在东南亚地区的战略布局。这一时期的泰美关系中，"反恐"是关键词。围绕着"反恐"，泰美或东盟与美国签署了多项合作协议并开展了军事演习，通过军事合作拓展双方间的利益，进一步推动了泰美关系的回暖。此外，在经济方面，美国是泰国第三大重要贸易伙伴，尤其在1997年金融风暴后，泰国被迫放弃固定汇率，紧盯美元汇率，对美国依赖程度加强，泰美经贸往来得到恢复，并逐渐繁荣。美国加大了对泰国的经济援助和投资，这在一定程度上改善了泰美间的外交关系。

"9·11"事件后，受泰美间紧密的军事合作关系和繁荣的经济往来的影响，两国外交关系得到极大的缓解与回暖，但泰国不时发生的军事政变成为泰美关系中长期存在的分歧点，美国多次公开呼吁泰国各方在军事政变中保持克制。2006年9月19日泰国爆发军事政变，美国表示强烈不满，并于29日宣布终止对泰国政府近2 400万美元的援助资金。此后，美国对泰国外交的重点领域集中在内政与美国"亚太再平衡"上。2007年年底，随着泰国军人集团的"还政于民"，泰国恢复民主选举，泰美关系再次回暖。2009年奥巴马政府上台后，大力发展美国"亚太再平衡"战略。

2012年11月，美国国防部部长帕内塔访问泰国，双方签署了

《2012年泰美防务联盟共同愿景声明》，标志着1962年以来两国首次升级双边军事关系。2014年泰国发生政变，泰美关系再次步入低谷。随着泰国在东盟内部地位的稳固与提升，泰国依靠东盟组织，坚决实行"大国平衡"战略，极大地维护了泰国在区域和国际舞台上的地位。当前的局势下泰美间的合作利益大于分歧，美国与泰国间的关系仍将保持较为平等平和的关系。

第四节　　与日本的关系

据史料记载，早在素可泰王朝时期，泰国与日本之间就已有官方交往与贸易往来。随着泰日间贸易的频繁，阿瑜陀耶城湄南河沿岸也出现了日本人聚集区，部分在泰日本人还曾受到阿瑜陀耶王朝的聘用，成为官员。1887年，泰国与日本正式签订《暹罗与日本友好通商条约》，约定两国在经贸交往中拥有平等、合法的外交权和通商权。1898年，日本与泰国签订《1898年暹日贸易和航海友好条约》，约定日本在对泰贸易中享有特殊的商贸特权。

第二次世界大战后，受战败国的影响，日本在美国的控制下，利用"赔偿外交"在泰国开展了快速、紧密的贸易活动。持续高强度的日资注入让泰国再一次感受到了"经济殖民"恐慌，反日货情绪日益高涨。1963年，泰国曼谷王朝拉玛九世王普密蓬访问日本，两国外交关系得到缓和。1977年，日本首相田中角荣在吉隆坡发表"福田主义"演说，明确承诺日本将以和平对等的方式与东南亚各国开展政治、经济、社会、文化等交流，从而安抚了日本在东南亚激起的反抗情绪。20世纪80年代以来，泰日皇室成员、总理、部长间均开展了密切的访问。20世纪90年代，泰日关系进入新阶段，高层互访日益频繁。1997年金融危机在泰国爆发，日本单方面向泰国提供40亿美元的援助，以帮助泰国渡过危机。2003年，日本首相小泉纯一郎正式提出要与泰国谈判建立双边自由贸易区，深化两国的经贸合作。2007年4月时值泰日建交120周年之际，泰日两国签署了《泰日经济伙伴协定》，以推动泰日各层次间，尤其是经贸关系的密切发展。2015年2月9日，泰国总理巴育访问日本，与日本首相安倍晋三进行会晤，双方签署了《泰国交通部-日本铁路系统发展合作意向备忘录》《泰日促进商业投资合作备忘录》。2016年正值泰日建交129周年，随着泰日铁路合作和合作建设缅甸土瓦深水码头，泰日进一步加强了经贸合作。现日本位居对泰投资第一大国地位，占泰国外国总投资的40%，并且是仅次于中国的泰国第二大贸易伙伴。2017年泰日建交130周年之际，泰国总理巴育在会见日本经贸代表团时表示，要"再创造(两国关系)更辉煌的130年"。

此外，政治合作也逐渐成为泰日间外交合作的重要议题。泰日长期以来密切的经济往来为日本对泰国的经济外交奠定了良好的基础。一直以来泰日首脑间的会晤稳定而频繁，通过泰日间行之有效的高层官员互访，两国间的友好关系根基牢固，日本在泰国及东盟内部的影响力进一步提升。泰日关系友好对日本发展同东南亚的整体关系具有战略意义。

第五节　与东盟的关系

1967年8月8日，东南亚国家联盟成立。印度尼西亚、泰国、菲律宾、新加坡、马来西亚五国外交部部长在曼谷举行会议，会后发表《东南亚国家联盟成立宣言》(即曼谷宣言)，正式宣告东南亚国家联盟(简称"东盟")成立。泰国是东盟的创始成员国之一。东盟成立之初，各成员国之间的矛盾、冲突涌现。为了维护国家利益，泰国在各个成员国之间不断奔走协商，推动成员国之间通过对话解决纷争。进入20世纪70年代后，国际局势和东南亚局势出现变化，冷战格局日益激烈。1971年11月，东盟在吉隆坡举行外交部部长特别会议，通过《东南亚和平、自由和中立区宣言》(即《吉隆坡宣言》)，东盟的五个创始国决心共同将东南亚地区变成和平、自由和中立的区域。20世纪70年代末至80年代初，越南入侵柬埔寨。与柬埔寨毗邻的泰国，推动东盟在"越南入侵柬埔寨"问题上坚决反对，并在东盟外交部长会议上强硬抵制由越南和老挝参加的东盟首脑会议"5+2"方案。20世纪80年代后期，泰国提出加强与印度支那国家的往来，并建议东盟建立包括东盟六国、印度支那和缅甸在内的经济共同体。在泰国这一政策的影响下，东盟其他国家着手改善与印度支那国家的关系。

20世纪90年代后，泰国注重推动东盟区域合作和东盟一体化进程。1990年10月，在马来西亚召开的东盟经济部长会议上，泰国首先提出在15年内建成东盟自由贸易区。1993年，东盟自由贸易区计划正式启动。作为东盟组织内部重要的领头成员之一，泰国在东盟事务上扮演着重要的角色。尤其在对外交往方面，泰国主张通过"东盟方式"来处理各种地区和国际事务，加强东盟组织内部团结与对外凝聚力。2019年，泰国接棒东盟轮值主席国。泰国政府基本延续了加强与东盟间友好合作的经济关系，此外，泰国还积极推动东盟在安全方面的合作议题。

第六节 　与中国的关系

一、第二次世界大战前的中泰关系

早在中国的两汉时期，中泰之间的往来就已拓展到经济与文化领域，最早的交往可追溯到素可泰王朝建立之前。当时存在于现今泰国境内的狼牙修国、盘盘国、赤土国、堕罗钵底国、罗斛国等都与中国政权保持着良好的关系。兰甘亨国王时期，泰国开始派遣使者与中国通好。之后，素可泰王朝与元朝之间维持着较为密切的朝贡关系，并一直持续至清朝晚期。阿瑜陀耶王朝时期，两国贸易和文化来往密切，以广东潮汕地区为主的华人到泰国经商与定居，并同当地人通婚。在当时的阿瑜陀耶城及沿海地区，甚至在泰国南部港口的北大年，都出现了大量的华人。曼谷王朝初期，中国与泰国经贸往来频繁，中国成为泰国的主要贸易国。拉玛二世时，约有89%的泰国商品运往中国销售。吞武里王朝和曼谷王朝初期，中国潮汕地区大批华人南下，带来的先进生产技术极大地促进了泰国经济和文化的发展。1840年鸦片战争爆发后，中国处在半殖民地半封建的危险境地之内，中国与东南亚间的朝贡关系也随之分崩离析。19世纪90年代，大批的中国南下华人潮逐渐达到顶峰，此时泰国华人总数约达300万人。第二次世界大战期间，以"自由泰人运动"为首的抗日爱国组织与中国政府和组织保持往来。比里·帕侬荣曾派人赴中国重庆，与国民党政府协商合作关系。

二、第二次世界大战后的中泰关系

第二次世界大战后，中泰官方外交关系曾一度得到恢复。1946年1月24日，泰国与中国正式建立外交关系。但第二次世界大战后初期，泰国政变后的銮披汶政府在外交上一味追随美国，并同美国签订军事协定与经济援助协定，并允许在泰国国内实行反华排华政策，导致中泰关系再次在低谷徘徊。

1955年万隆会议上中国总理周恩来与泰国外交部部长旺·威泰耶康亲王的会晤，实现了新中国成立后中泰两国政府间的第一次正式接触。随后的1956—1958年，泰国来华访问的各类代表团多达24个。1958年，美国支持的沙立政权上台，沙立政权摒弃了前政府的对华政策，宣布禁止同中国的一切交往。1958年10月至1972年8月间，中泰两国政府与民间的往来全部停止。

随后在中美外交打破坚冰和泰国独裁军人政府倒台的大背景下，1975年7月1日，克立·巴莫总理赴北京与中国签署建交联合公报，中泰正式建交。此后，双方高层互访逐渐频繁，民间往来步入新时期。

此后，中泰两国在经济领域合作往来日益加深，先后签署了《海运协定及两个补充协定书》(1980年)、《促进和保护投资贸易协定》(1985年)、《避免双重征税和防止偷税漏税协定》(1986年)、《贸易经济和技术合作谅解备忘录》(1997年)、《双边货币互换协定》(2001年)、《全面开放中泰国际航空运输市场的秘密谅解备忘录》(2004年)、《中泰战略性合作共同行动计划》(2007年)、《扩大和深化双边经贸合作的协议》(2009年)、《经济合作五年发展规划》(2012年)、《关于在泰国建立人民币清算安排的合作谅解备忘录》(2014年)等多个条约。

1999年2月，中泰两国在曼谷签署了《中华人民共和国和泰王国关于21世纪合作计划的联合声明》，从政治、经济、文化、社会、安全、国际事务等各个方面对21世纪的两国关系进行全面规划，奠定了两国未来的友好关系布局。2003年，中国与泰国签署了《中华人民共和国和泰王国关于在〈中国－东盟全面经济合作框架协议〉"早期收获"方案下加速取消关税的协议》，并于同年10月1日取消了两国间188种蔬果的关税。

2007年泰国总理素拉育访华期间，中泰双方签署《中泰战略性合作共同行动计划》，为中泰深入开展项目合作、推动双边关系不断发展提供了机遇。

2012年4月，泰国总理英拉访华，两国发表了《中泰关于21世纪合作计划的联合声明》，决定将双边关系由此前的战略性合作关系提升至全面战略合作伙伴关系的新高度。2012年至2015年，泰国担任中国-东盟关系协调国，积极推进东盟一体化和中国-东盟自贸区建设，支持东盟与中日韩合作。

自2014年巴育政府上台以来，中泰继续保持领导人互访，从2014年6月到2016年12月，两国高层互访高达36次。其中2014年两国高层互访9次，2015年高层互访13次，2016年高层互访13次。国防安全合作和"一带一路"建设成为泰中两国合作新亮点，加强了两国在多领域的深入合作。

❀ 三、"一带一路"建设下的中泰关系

泰国是最早参与"一带一路"建设的国家之一，共建"一带一路"为泰国自身发展和中泰合作带来了巨大利益。中泰关系在"一带一路"和"泰国4.0"的大发展背景下呈现出宽领域、多合作的盛况。

2015年12月，巴育总理再次访华，并在与习近平主席会面时重申，泰方愿意积极参与中方共建21世纪海上丝绸之路的倡议，深化铁路、通信、旅游等领域的合作，促进区域互联互通，朝着建立亚太自由贸易区的目标迈进。

2017年，中泰两国签署《共同推进"一带一路"建设谅解备忘录》和未来五年《战略性合作共同行动计划》。中泰两国加强投资、铁路和互联网金融、数字经济、电子商务等领域合作，扩大人员往来，密切旅游和地方交流，加强执法安全特别是反恐合作。这标志着中泰两国在政策沟通上进入新的阶段。

2019年4月，巴育总理出席第二届"一带一路"国际合作高峰论坛，并携泰国外交部部长、交通部部长、数字经济和社会部部长等多位政府高官来华出席分论坛活动，进一步拓展"一带一路"合作。

第八章 经济

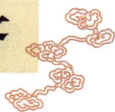

　　泰国是一个新兴的工业化国家，实行自由经济政策，外向型经济特征明显，比较依赖于中、美、日、欧等域外市场。经历12个国民经济与社会发展计划的实施，泰国国内产业结构日趋完善，工业门类不断增多。从当前的产业比重上看，服务业在近年来脱颖而出，其产值约占国内生产总值(GDP)总量的50%，成为国民经济第一大部门。泰国工业虽然起步较晚，但其后发展迅猛，其中制造业尤其是电子工业发展迅速，汽车业成为制造业支柱产业。而泰国农业发展历史悠久，地位重要，是吸引劳动力人数最多的部门。

第一节　农业

　　泰国农业生产有着悠久的发展历史，最远可追溯到新石器时代，当时，人们已从丛林狩猎社会逐渐步入到农业时期。而在公元1 000年前，泰国糯米文化也已经成为构建社会框架的重要因素，并且依照当时的生产已出现了粮食剩盈可进行再分配的状况。时至今日，粮食经济的发展依旧是关系到泰国社会安定与和谐发展的重要一环。受到世界农业需求市场的影响，在较长时间内泰国农业通过提高参与种植人数、扩大土地种植面积的方式追求农业的进一步增产。20世纪60年代以前，泰国主要以种植稻谷为主。随着国家经济发展战略的不断调整，在外向型经济和"农业多元化""以农促工"等政策的牵引下，以及世界农业市场的需求增加等因素的影响，泰国农业在发展中取得新的生机。泰国主要的农产品包括稻米、玉米、甘蔗、木薯、烟草、咖啡豆、棉花、棕榈油以及各类热带水果等。

❖ 一、种植业

1. 水稻

泰国种植水稻历史已有5 000余年，伴随着悠久的种植历史孕育出绚丽多彩的稻作文化。泰国水稻种植面积在世界上排名第五位，其出口量排名世界第一位。其中，最负盛名的为泰国香米。泰国香米是原产于泰国的一类籼米，其软滑的口感、清爽又清新的香味及极高的营养价值等深受人们的喜爱，并大量出口国外，成为世界上最大宗出口的大米品种之一。

泰国水稻每年播种两次。在每年雨季播种的稻谷称为头季稻，生长周期为每年的5月中旬至10月末。但位于泰国南部东海岸的那空是贪玛叻府、宋卡府、北大年府、也拉府和那拉提瓦府则于6月至次年2月进行水稻种植。每年旱季种植的稻谷称为二季稻，生长周期为每年的11月至次年4月。泰国南部东海岸区域则于3月中旬至6月中旬种植，依靠国内的灌溉系统进行水田浇灌。泰国水稻种植主要划分为四大部分。北方稻区为全国水稻单产最高的区域，其稻田面积占全国稻田种植面积的23%。泰北地区人多地少，为多条河流的发源地，具备良好的灌溉条件与劳动力基础。东北稻区主要位于呵叻高原，种植面积约占全国稻田种植面积的44%，种植自然条件及灌溉条件均较差，导致稻谷单产全国最低。此外东北稻区还为泰国香米的主要产区。中部稻区主要为湄南河平原地区，其水稻种植面积约占全国稻田种植面积的26%。密集的河网和人口为种植水稻带来了极大优势，该区域主要以种植深水稻为主。南部稻区主要分布于南部东海岸山区，种植面积约占全国稻田种植面积的7%。2014—2015年度，泰国用于头季稻种植的土地面积为6 054万莱，较2010—2011年度缩减403万莱。缩减的土地主要改用来发展其他农业经济。例如因糖厂制造业的发展，东北部黎府、农磨兰普府、色军府、孔敬府、加拉信府、猜也蓬府和武里南府的部分稻田改为工业甘蔗种植。南部稻田则改为渔业养殖和橡胶种植。虽遭遇稻田面积下降和干旱影响，但2014—2015年度稻谷产量却较2010—2011年度上涨31千克/莱，达430千克/莱。2011—2015年，用于种植、生产及种子种植的二季稻稻田面积分别缩减了13.62%，

14.19%和0.64%。旱季种植水稻受天气制约影响严重，77%的农田属于靠天吃饭的"望天田"，缺少农业灌溉系统。泰国的农业灌溉系统并不发达，仅可在旱季种植时期为北部及中部部分稻田提供灌溉。当农田干旱无法种植水稻时，则会改种用水较少的豆类、饲料玉米、甜玉米等。

1945年，一种名为KDML的香稻品种在泰国东部春武里府被发现，KDML意为白色茉莉花。1959年5月25日，其正式定名为泰国茉莉香米，成为泰国主要的应用品种之一，并进行大面积推广，现主产区在泰国东北部。对于民族骄傲的"茉莉香米"，泰国政府对其出口有着严格的检验标准，于1998年颁布《泰国茉莉香米标准》。2002年泰国商务部对《泰国茉莉香米标准》进行修订，进一步提高了泰国茉莉香米的出口标准。

2. 玉米

玉米原产于中南美洲，现在在世界各地都有分布。玉米是喜温植物且需水量也较多，种子发芽要求需要达到6~10℃。玉米用途广泛，既可直接食用，也可作为饲料，还可用作工业原料，其初加工和深加工可生产二三百种产品。泰国玉米种植在其生长周期雨水丰富的地区。泰国北部、东北部和中部都可种植玉米，其中北部种植面积最大，产量最多，其次为东北部。长期以来，泰国玉米种植面积和出口量均处于波动状态。16世纪，玉米已传入泰国，但种植面积和单产都很有限，仅供皇室食用。20世纪50年代的国际市场饲料需求的激增，促使20世纪60—70年代中期泰国玉米种植规模迅速扩大，以用于出口国际市场。1987年后在国际贸易保护风潮及泰国第六个国家经济和社会发展规划对国内产业的调整下，畜牧业尤其是养鸡业的兴起，激发了国内对玉米饲料的需求猛增，玉米供应一度出现缺口。但随着玉米种植技术的提升和良种的研发与推广，虽然玉米的种植面积在缩小，但泰国玉米的单产却得到了提高，泰国再次成为玉米出口国。2015年，泰国饲料玉米的种植面积较2010年有小幅下跌，这主要是由于国内与国际玉米市场的不景气，而导致农民转而种植经济效益稍好的木薯与甘蔗。2015年泰国玉米净出口量25万吨。

3. 甘蔗

泰国仅次于巴西，是世界第二大蔗糖产品出口国，全国生产的甘蔗产品的75%出口国际市场。泰国种植的甘蔗主要分为食用甘蔗和制糖工业甘蔗。食用甘蔗主要用于蔗糖工业，其副产品糖蜜则少量用来发展乙醇工业。在第二个国家经济和社会发展计划"以农扶工"推行过程中，泰国制糖工业得到快速发展，种植面积进一步扩大，促进了蔗糖出口的增长。在政府的鼓励下，泰国甘蔗种植采取集中机械化耕种与灌溉，种植面积和产量也呈现逐年增长的态势。种植区主要分布于东北部地区和中部平原边缘的丘陵地带，北部也有部分地区种植。

4. 木薯

木薯原产于巴西，喜热，适应性强，耐旱耐瘠，可在旱地缓坡连片栽培，亦可在山地低谷种植或结合造林种植，种植于幼林果园行间，也可与豆类、花生、瓜类和玉米等作物间套种，在世界热带地区有广泛种植栽培。木薯的用途包括食用、饲用和工业用途。木薯根块富含淀粉，是工业淀粉的原料之一。木薯原淀粉和各种变性淀粉，广泛用于造纸、纺织、医药、食品和精细化工。泰国是世界最大的木薯产品出口国，主要种植区域集中在北部、东北部和中部（包含东部部分地区）。对于泰国木薯出口市场来说，亚洲市场占有最重要的地位。其中中国市场占泰国木薯出口量的85%，其次是澳大利亚、新西兰、日本、韩国和马来西亚。2014年泰国木薯产量仅次于尼日利亚，位居世界第二位，达3亿吨。

5. 咖啡

罗布斯塔咖啡的种植面积占泰国咖啡种植面积的98%，主要集中于泰国南部拉廊府、素叻他尼府和春蓬府。其余的则为小果咖啡和其他品种咖啡，主要种植在北部地区。泰国咖啡产量不多，著名的咖啡品牌有出产于清莱府的猛犸山咖啡和黎敦山咖啡。2015年，猛犸山咖啡和黎敦山咖啡成为继泰国茉莉香米后，泰国向欧盟申请的地理标志商品。

6. 水果

泰国地处热带，有着得天独厚的农业条件，适合热带水果生长，一年四季都有不同的水果成熟、上市，众多水果远销于世界各地。泰国东部的罗勇府、尖竹汶府和哒叻府是重要的水果产地，其中以榴梿、山竹为主。

7. 橡胶

泰国是世界天然橡胶产量最大的国家。2017年泰国天然橡胶产量约占全球产量的36%。根据天然橡胶生产国联合会的数据，2017年泰国的天然橡胶种植面积约为375万公顷，可割橡胶面积为230万公顷。2015—2019年，泰国主要的天然橡胶供给国是泰国、印尼和越南。2018年泰国的供应量达到了487.9万吨。泰国的橡胶园分为两种，翻种园和新胶园。翻种园几乎都分布在泰国南部和东部。南部地区的种植园主要分布在素功府、卡府、洛坤府、董里府和也拉府等。而新胶园则在全国都有分布，但主要集中在东北部。

二、渔业

泰国渔业资源丰富，民众捕鱼而食的历史可追溯至史前时期。早在素可泰时期便有描述泰国民众吃大米搭配鱼肉的文献记载。泰国海岸线长达2 614千米，由于捕捞过度，泰国沿海渔业资源几近枯竭，不得不向远洋捕捞和近海养殖发展。帕尧湖、红莲湖、湄南河、他钦河、邦巴功河、他彼河、班巴帕南河、泰国湾、池河等都可进行渔业养殖。第二次世界大战以前，泰国人民长期维持着自养自食的渔业传统，在江流、沼泽低地，或者海岸线附近的近海进行捕鱼作业。第二次世界大战前期，由于渔业工业的发展与兴起，原来只能被丢入海中白白浪费掉的不符合消费标准的小鱼小虾被再次利用加工成鱼粉饲料，泰国渔业有了突破性的进展，但与同时期的世界其他渔业强国相比，还存在着较大差距。直至第二次世界大战后期，泰国海洋渔业产值为71 000吨/年。1948—1949年，泰国仍处在小农经济的发展模式之中，国家渔业生产主要还是以自然养殖为主。但随着人口的逐渐增长，国家人均渔业资源开始变少，政府开始着力整合国家渔业资源，发展泰国渔业生产。1953—1960年，泰国渔业有了缓慢的发展，产量达200 000吨/年，其中海产品产量150 000吨/年，淡水养殖50 000吨/年。伴随着第一个国家经济发展计划（1961—1966年）的颁布，在政府的支持下，泰国相继建立及发展了渔业包装与冷藏技术、渔业育苗培育和专业养殖基地。在第二个国家经济和社会发展计划（1967—1971年）中，泰国着重发展用于国内消费与国外出口的海洋渔业，繁荣淡水和淡咸水的养殖，保护渔业产品加工工业。在第三个国家经济和社会发展计划（1972—1976 年）中，泰国进行深入的渔业经济改革，挖掘生产潜力以平衡由于实行保护野生渔业政策而导致的产量下降，实施淡水及浅海养殖，开始开展远海捕捞作业，提高渔民生活水平。在第四个国家经济和社会发展计划（1977—1981 年）中，泰国颁布大力发展淡水及近海养殖业的发展规划，提出在保护自然资源的前提下，最大限度地开发渔业生产。在第五个国家经济和社会发展计划（1982—1986 年）中，泰国着重改进渔业生产及加工工艺，提升渔业加工生产效率，以进一步改进渔民生产生活状况。其中包括加强家庭近海养殖生产、出台《渔业法》、加强渔业资源管理等。直至第六个国家经济和社会发展计划（1987—1991 年）颁布时，泰国渔业已在东南亚地区扮演着十分重要的角色，并跻身于世界渔业发展前 10 名，水产产量达 297 万吨/每年，年产值达 530.258 亿泰铢，与第五个国家经济和社会发展计划时期相比，产量和产值分别上涨 17% 及 132%。第七、八个国家经济和社会发展计划（1992—1996 年，1997—2001 年）规范了泰国渔业生产的实施政策，共四条，分别是：内水域渔业政策，包括渔业海洋及淡水资源在内，渔业目标产量不低于 170 万吨/年；外海域渔业政策，以维护渔业发展稳定与安全的合作捕捞，渔业目标产量不低于 180 万吨/年；水产养殖政策，以用于满足国内消费需求及促进出口，渔业目标产量不低于 55 万吨/年；用于销售及促进出口的水产品加工政策，相关产品为达到指定标准，用于出口的海产品产量不低于 100 万/吨，产值不低于 7 500 万泰铢。得益于第七、八个国家经济和社会发展计划对渔业发展的强有力推动政策，第九个国家经济和社会发展计划（2002—2006 年）使得泰国渔业产值再创新高。2006 年，泰国渔业产量达 404 万吨，总价值达 1 392.503 亿泰铢，与第八个国家经济和社会发展计划相比，年产量及年产值分别上涨 11% 和 0.5%。第十个国家经济和社会发展计划（2007—2011 年）主要提出，加强渔业社区基础建设，维护渔业发展稳定，提高从业人员生活质量，恢复渔业生态、改善渔业生态环境，对渔业生态保护实行长期责任制，促进和发展泰国外海域渔业捕捞。

　　渔业厅是下设于农业与合作社部下的政府机构，其职责是通过进行各类渔业相关的研究、实验、分析、验证等学术活动，促进国家渔业事业的发展与进步，并将全国 77 个府划分为 18 个大的渔业管理区域，各府均设立府级渔业办公室。渔业厅下设六大研发中心，即淡水水产饲养研究和发展中心、海洋及淡水保护与管控中心、淡水渔业研究和发展中心、沿海养殖研究和发展中心、进出口管理中心、海洋渔业研究中心等。

泰国为世界重要的对虾出口国。泰国对虾有着生长速度快、经济效益高、饲料耗费少、收益长等特点。政府通过税收、资金扶持等方面对对虾养殖进行大力扶持。冷冻虾和虾制品为泰国对外出口的主要产品。泰国对虾出口已遍布全球78个国家和地区，主要出口对象国为美国、加拿大、日本、韩国、中国、新加坡、英国、德国、比利时、法国、荷兰等。此外，泰国罗非鱼养殖也在泰国水产养殖中占有举足轻重的地位，占泰国淡水鱼养殖总量的35%。泰国渔业厅制定了"发展尼罗罗非鱼出口策略（2010—2014年）"，加大对尼罗罗非鱼的养殖投资，以期提高国际竞争力，提升尼罗罗非鱼产品质量并达到出口标准和拓展国外市场。

❋ 三、林业

由于特殊的雨热条件，泰国森林主要以常叶林和落叶林为主。常叶林又可分为热带常叶林、针叶林、沼泽林和海滩林四个亚类。落叶林分为混交落叶林、落叶龙脑香林和稀树草原林三个亚类。林业曾是泰国重要的经济部门，泰国也曾是重要的原木出口国。后受多种因素影响，如无规划的毁林开荒，国家工业、矿业、交通运输业、灌溉业、建筑业等发展用地对林地的破坏，少数民族刀耕火种的生产方式的影响，黑市交易猖狂导致的盗伐现象猖獗等，泰国森林覆盖率呈急速下滑趋势。20世纪20年代初，泰国森林覆盖面积曾高达75%。1973年泰国森林总面积为22.17万平方千米，至1998年便急降至约12.97万平方千米。森林被毁使林业发展受到很大影响，林业经济在国民经济中的作用日益下降。1951年，泰国林业产值占国内生产总值的11%，1961年下降到2.4%，1985年下降至1.3%，1990年降至0.3%，1995年则只有0.1%。1954年，泰国主要工业用木材柚木和杨木的产量为65万立方米，1989年下降到17.5万立方米，1995年只生产了5 300立方米。其中柚木产量下降最为严重。20世纪70年代初，泰国政府完全禁止出口木材，泰国逐渐从一个木材出口国转变为进口国。20世纪70年代起，政府便开始颁布一系列有关保护林地、减少林木砍伐的政令。1988年颁布伐木禁令，严格规范林木砍伐。直至2016年，泰国森林覆盖面积恢复至约16.35万平方千米。泰国森林主要分布于北部山区，其次为东北部地区和中部地区、南部地区和东部地区。北部森林面积占泰国全国森林覆盖率的55.23%。全国林业覆盖面积排名最多的三个府分别为清迈府、达府和夜丰颂府。

1895年，泰国政府在英国林业专家史拉迪的帮助下，重新规划国家森林管理。政府将原先隶属于地方管理的森林用地统一收归国有，并于次年设立"泰国皇家林业厅"（现隶属于泰国自然资源与环境部）。政府对森林进行统一管理，并对砍伐征收木材税。1956年，泰国政府又设立森林工业厅，隶属于农业部。为规范泰国森林保护管理，促进森林可持续发展，泰国政府于1913年颁布了《森林保护法》，1914年颁布了《森林法》，1961年颁布了《野生动物保护法》，1989年颁布了《社区林业法案》等。

第二节　工业

❀ 一、电子电器及其设备产业

电子电器及其设备产业不仅在泰国经济中扮演重要的角色，成为一个主要增长动力，还使泰国成为东南亚重要的电子电器制造业中心。泰国是东盟国家最大的电器生产中心之一，制造能力得到全球公认。泰国是世界第二大空调机组的制造商，冰箱产品也拥有世界一流水平。2014年，泰国电器出口价值达到235亿美元，电器进口总计价值176亿美元，同年电子电器及其设备产业占据泰国年度出口收入的24%。泰国是世界上第二大硬盘驱动器生产国和出口国。泰国还是集成电路和半导体产品在东盟地区的主要制造基地之一。2014年，泰国出口的电子产品以硬件原件（包括硬盘驱动器）和集成电路为主，占据电子产品出口总量的56%和24%。

2016年1—9月，泰国电器出口总值为164.16亿美元，同比降低3.58%。前三大出口市场依次为：美国约23.76亿美元，同比下跌

13%；日本约22.12亿美元，同比下降5.19%；越南约11.85亿美元，同比攀升17.37%。2016年泰国电器及电子产品出口价值趋向滑落，原因是美国、日本及欧盟等重要出口市场的经济尚未完全复苏，加上科技的转变。2016年电器及电子产品出口负增长约达1%，出口总额约540亿美元，比原预期负增幅度3%略有改善。虽然电器及电子产品出口仍趋向负增长，但是整体出口已有所好转，主因是部分家用电器出口量大增，尤其是空调及洗衣机需求量的增加，促使大型厂商决定增加投资来提升洗衣机产能。

二、食品加工业

泰国的食品加工业被誉为"世界级厨房所在"。丰富的自然资源、强大的技术投入、食品安全领域的持续研究与开发、对国际质量标准的不断追求，使得泰国的食品加工业已取得了长足的发展与进步。泰国最终成为亚洲唯一的顶级食品出口商和世界顶级生产商之一，在稻米、金枪鱼罐头、冷冻海鲜、鸡肉和罐装菠萝罐头等方面均享有盛誉。

2016年泰国食品出口总值约达9 720亿泰铢，同比增长7%。其中出口总值增长排名前4位的食品分别是果汁增长24.5%，虾增长22%，菠萝罐头增长12.2%，冷冻鸡肉增长8%。2016年九大出口食品分别为果汁、砂糖、虾、金枪鱼罐头、菠萝罐头、冷冻鸡肉、木薯、大米和调味料。2016年泰国食品主要出口市场为东盟内部国家、日本、美国、欧洲、非洲和中国。

三、橡胶加工业

橡胶是生产生活中不可或缺的资源。它被广泛应用于软管、汽车轮胎、腰带、避孕套、手套等大量工业品及消费品的制造。迄今为止，泰国已成为世界上天然橡胶最大的生产商和出口商。2011年，泰国培育出了272万公顷天然橡胶。

除了作为高品质橡胶的顶级生产商和出口商以外，泰国也是相关原材料的顶级研发中心，其目标是将泰国的橡胶产业发展为高精尖技术产业，以增加附加值、增强竞争力。泰国生产的大部分天然橡胶被用于出口。2011年，泰国天然橡胶的出口额已超过130亿美元。泰国天然橡胶出口地的前五位分别为中国、马来西亚、日本、欧盟和美国。泰国具有满足亚太地区天然橡胶需求之最佳天然优势。

泰国所有橡胶产品中的10%用于本国国内消费。其中65%的橡胶加工成增值产品如摩托车、飞机、汽车、自行车等的轮胎和电子管（46%～51%），手套（13%～15%），橡皮圈（8%～10%）及松紧带（8%～9%）。橡胶木是一种可再生资源，它为人们替代硬木木材提供了另一种选择，它在当今民众环保意识逐渐增强的时代下，日益成为市场的畅销品。

泰国政府、贸易协会和研发机构正在积极促进橡胶产业的竞争力及发展。支持橡胶产业的组织具体包括：泰国橡胶研究机构、国家科技局、国家金属材料研究中心、国家基因与生物工程技术中心、泰-德研究机构、橡胶产业组织、社会聚合物研发中心等。

❖ 四、石化及环保化工业

泰国的石化产业根源于1970年波斯湾地区天然气的发现。随后，泰国长期热衷于东海岸项目工程的开发，以进一步扩大本国新兴产业利益。此后，各种公共及私人投资纷纷涌入泰国。东海岸逐渐演变为泰国最早的工业区，世界上主要石化产业园之一——马达浦工业园区随之成立。

泰国是石化产品、聚合物、塑胶制品等石化产业中下游环节最后的出口商，中国和东盟是其主要出口地。泰国引入大量国际投资，稳健增长的化工产业满足了全球市场制药、时装及汽车等行业日益增长的需求。泰国石化产业工业基础牢固，主要体现在以下几点：

（1）石化业的根基稳固。泰国自生产乙烯以来，一直在东盟国家中居于领先地位。2010年，其总产量约为5 030万吨，较2007年翻了几番。2012年，乙烯总产量远高于新加坡、马来西亚、印度尼西亚等国。此外，泰国在东盟国家聚烯烃的生产方面也居领先地位，2012年，聚烯烃的总产量高达530万吨，约占东盟国家的二分之一。

（2）泰国下游石化产业发达，其中每年出口的聚乙烯总量可达石化产业出口量的40%以上。

（3）管道分配设施优良。泰国的天然气管道总长约4 268千米，包括3 498千米的运输线及770千米的分配管道。

（4）良好的投资环境，包括拥有复杂、技术水准高的生产工艺，商业化运作程度较高的聚亚安酯，优秀的物流运输系统及系列税收与非税收优惠措施等。

此外，泰国石油生产同时具备良好的原油开采基础，2012—2015年泰国原油产量均保持在450千桶/日的基础上，2015年原油产量突破477千桶/日大关。此外泰国原油市场又具备较强的原油消耗能力。

❀ 五、机械制造业

机械制造业是泰国经济的重要成分。2014年，泰国机械制造业及零部件交易额高达229.1亿美元，与2009年相比同比增长130%。但当前泰国仍非常缺乏高精尖技术，导致本国相关产品主要依靠进口。2016年1—10月泰国用于进口机械的费用共达349.86亿泰铢，较2016年同比增长0.5%。其中工业机械进口占额最大，达269.35亿泰铢，同比增长9.7%。在出口方面，受国际机械市场正处于恢复期的影响，泰国机械出口在2015年经历下挫之后，在2016年表现出缓慢爬升趋势。2016年泰国机械出口值达2▯6.29亿泰铢，主要出口产品为工业机械产品，价值共计165.45亿泰铢，增长幅度不大，基本与2015年出口额持平。2017年随着国际机械市场的进一步回暖，泰国机械出口贸易缓慢复苏。

❀ 六、替代能源业

为保障长期能源安全和提高国际经济竞争力，泰国致力于发展替代能源能力，并制定一项国家层面的政策，即替代能源与发展计划。该计划的10年（2012—2021）目标是使发电能源更加多元化和建立更稳定的能源部门。在这个计划下，泰国设立了提高替代能源消费量的目标，即替代能源消费量从2012年的7 413千吨增至2021年的24 664千吨。能源部下属的能源政策和计划局的统计数据显示，2014年泰国每天使用的能源量相当于200万桶石油，且严重依赖国外进口，有超过一半（57%）的能源来源于进口。总体来说，泰国发电的主要来源是天然气，2014年占据能源产量的66%。其次是煤炭，占据能源产量的21%。再生能源目前仅占泰国能源产量的3%。

替代能源与发展计划的最终目标是到2021年，可再生或替代能源发电量占国家发电总量的25%，把国家社会发展引至使用低碳为基础的道路上，远离化石燃料。替代能源分为太阳能，风能，水电，生物能源（生物燃料、沼气、城市固态废物），生物燃料（乙醇、生物柴油、新的替代柴油）和新能源（潮汐能、地热能）。替代能源与发展计划主要集中在太阳能和生物能源上。替代能源发展计划具体实施情况如下：

1. 生物燃料

生物燃料能源的生产是利用有机物质的氧化或半氧化过程将其转化为电力或燃料。在泰国现成的材料是大米固体废物、谷物、木薯、橡胶和棕榈。2014年，泰国消耗了2 452兆瓦生物燃料生产的能源。根据替代能源与发展计划，泰国的目标是到2021年生物燃料生产的能源使用达到4 800兆瓦。泰国政府把生物燃料能源纳入了国家固定价格方案。

2. 沼气

2014年，泰国消耗了312兆瓦沼气能源生产的电力。替代能源与发展计划的目标是到2021年消耗3 600兆瓦沼气能源生产的电力。泰国政府也把沼气能源纳入固定价格方案。

3. 城市固态废物

泰国利用暖气锅炉燃烧和动力涡轮机将城市固态废物转化为电能。2014年，泰国消耗66兆瓦城市固态废物生产的电能。替代能源与发展计划的目标是到2021年消耗400兆瓦城市固态废物生产的电能，并把城市固态废物能源纳入固定价格方案。

4. 生化燃料

生化燃料目前在泰国已经商业化生产和使用，它被分为两种一般类型，即生物柴油和乙醇。生物柴油是通过液态生物燃料的酯基转移作用产生的汽油燃料替代物。市场销售的产品是B100和B5生物柴油。另一种生化燃料乙醇是通过发酵植物材料例如甘蔗、木薯粉、稻草、谷物、糖基生物质和木质纤维素生物质转化而来的汽油替代物。2014年，泰国每天乙醇消耗量是300万升，估测到2021年达到每天消耗900万升的目标。泰国政府也把生化燃料能源纳入固定价格方案。

5. 太阳能

泰国在利用太阳能作为替代能源方面具有巨大潜力。每天到达泰国的平均太阳辐射是18.2兆焦耳/每平方米。其中泰国东北部和中部地区接收到的太阳辐射量最大。4月和5月是泰国太阳辐射最强的月份。2014年，泰国太阳能消耗量是1 299兆瓦，替代能源与发展计划的目标是到2021年太阳能产能是3 000兆瓦。太阳能能源也被纳入了政府固定价格方案。

6. 风能

泰国的海岸和海湾地区是风能最丰富的地区，且风能发电在内陆也是可行的。泰国最大的风电场在呵叻府，产能是207兆瓦。然而风能发电受许多因素影响，其中包括变化的地势和季风等因素。2014年，泰国消耗224兆瓦商业风能，计划到2021年达到1 800兆瓦。风能能源也被纳入了固定价格方案。

7. 水电

替代能源发展和功效局统计和发布的数据显示，泰国有43座小水电站投入使用，密集分布在北部山地。小水电站项目是控制农业用水灌溉和支持农村社区发展计划的重要工具。2014年，泰国小水电站总产量是142兆瓦。替代能源与发展计划目标是到2021年将小水电站产量提高到324兆瓦。水电能源也被纳入了固定价格方案。

七、汽车及其零部件产业

汽车产业是泰国的核心产业，约占泰国国内生产总值的12%。为了把泰国发展为全球绿色汽车生产基地和汽车技术的研究和发展中心，泰国政府联手私营企业制定汽车产业蓝图（2012—2016年）。泰国拥有大约709家一级汽车零部件供应商和1 700家二级和三级供应商，超过一半的一级供应商是汽车零部件公司。全球前一百强汽车零部件生产商有50%在泰国有工厂。泰国的生产基地完全能提供包括从轮胎到结构部件在内的所有汽车制造所必需的零部件。泰国的主要跨国汽车产业领导者包括：泰国汽车联盟（福特和马自达）、宝马制造业、通用汽车、日本本田汽车、五十铃汽车、塔塔汽车、铃木汽车和沃尔沃汽车等。

2016年泰国汽车出口受到包括中东、非洲、中美洲和南美洲市场需求放缓因素的影响。2016年1—10月，泰国出口汽车100万辆，同比下降1.25%；汽车产量共163万辆，同比上涨2.55%。2016年1—11月，泰国汽车国内销售量为681 930辆，较2015年同期减少2.3%。

1. 泰国汽车零部件产业

汽车零部件和组件部门是泰国汽车产业成功的关键。泰国大约有2 400家汽车供应商,其中709家是原始设备制造商。在泰国,主要的零部件和组件制造商包括:博世、日本电装、德国大陆、麦格纳国际、爱信精机、约翰逊控制、佛吉亚、采埃孚、矢崎和李尔。泰国制造的汽车零部件的高质量受到国际的广泛认可。一份日本汽车制造商协会发布的报告陈述道:泰国制造的汽车零部件是东盟国家中质量最高的。本地制造商供应了泰国85%的皮卡组装所需的零部件和70%的客车组装所需的零部件。泰国生产了几乎100%的国内汽车组装所需的零部件。2014年,泰国零部件主要出口原始设备制造商零部件66亿美元,占汽车零部件总出口的几乎80%。具体如下:发动机11亿美元,约占13%;备件6.75亿美元,约占8%;其他零部件5 500万美元,约占1%。

2. 汽车用电子设备

电子设备已经发展成为现代汽车不可缺少的一部分。电子产品和电子设备已经提高了一系列汽车元素的质量,包括安全性、燃油效率、性能和舒适度。此外,替代燃料汽车的发展趋势、不断提高的燃油效率和更加严格的排放标准等因素都极大地刺激了汽车用电子设备的需求。预计到2020年,全球对汽车用电子设备的需求将达到3 144亿美元。作为东盟国家最大的汽车生产中心,随着泰国加速成为顶尖全球生态汽车生产中心之一,泰国汽车用电子设备市场的商机日益凸显。已经领先的汽车用电子设备制造商有:三菱、日本村田、欧姆龙、丰田通商,以及其他在泰国的顶尖制造商。

第三节　建筑业

在1997年金融危机爆发前的20年时间里,受到国内与国外资本的推动,泰国经济发展迅速。建筑业曾作为泰国经济发展最重要的领域之一,20世纪80年代后期至1996年,在大量外资的推动下,泰国建筑业均保持着良好的上涨势头,房价长期保持快速增长。在承包市场领域,基础设施发展迅速。1990年,在泰国从事建设领域的劳动人口将近 100 万，占泰国全部 2 900 万劳动人数的 3.4%。1997 年泰国爆发金融危机，泰国建筑业市场遭到重创，并连续 4 年出现负增长。1997 年金融危机后，泰国房地产市场房价平均下跌了 15%～20%。直至 2001 年，泰国建筑业才实现 0.2% 的小幅增长。为重振建筑业，泰国政府加大在公共投资领域的力度，启动了如曼谷第二国际机场、曼谷地铁等多个大型基础设施工程建设。在私人资本投资领域，也相继出台了系列优惠政策，如把房地产商的商业税由 3.3% 降至 0.11%，抵押权登记和所有权转移登记的手续费由 0.11% 降至 0.01%，并免除了二手房的转让个人所得税。得益于泰国政府的优惠政策刺激，建筑业开始逐渐回暖，2004 年泰国建筑业全面复苏。2002—2005 年，建筑业产值年均增长达 5.79%。2012 年建筑业总产值达 89.7 亿美元，占 GDP 的 2.5%，并吸引全国 6.3% 的劳动人口。2016 年受泰国政府投资拉动，建筑产业产值年增幅达 10%。

第四节　旅游业

一、泰国旅游业历史与现状

1959 年，泰国政府正式成立"泰国旅游业促进机构"，开始发展国家旅游业。经过近 60 年的发展，泰国旅游业逐步发展成为泰国国民经济中的重要组成部分。1976 年，泰国内阁颁布第一个国家旅游发展规划和设立旅游警察等一系列倾斜政策，有效地帮助泰国旅游业高速发展。1991 年赴泰国旅游的外国人约达 600 万，旅游业收入约为 57.6 亿美元，泰国已成为世界十大旅游市场之一。1994 年，泰国旅游收入达 66 亿美元，成为泰国第一大创汇行业。2002 年，泰国部制改革，新成立了旅游和体育部，负责管理和发展泰国旅游和体育事业。2017 年，赴泰旅游的外国游客总数又一次达到新高，超过 3 500 万人次，同比增长 8.7%，其中，中国游客量占比最大，已超过 980 万人次。泰国的国际游客主要来自亚太地区，其次为欧洲地区。赴泰国旅游游客最多的国家有中国、马来西亚、俄罗斯、日本、韩国、印度、英国、澳大利亚和德国等。

旅游资源丰富、历史文化悠久、酒店配套设施完备、旅游成本较低等因素促进泰国旅游业逐年发展。但面对日益增多的游客带来的压力，以及旅游收入增长动力略显不足的现状，泰国正致力于摆脱旅游业长期以来廉价、低端的形象。一方面加快泰国高端旅游路线的开发，推动旅游业和医疗保健行业相结合，提升旅游发展带来的新附加值；另一方面，大力推进旅游大数据计划在旅游业中的发展，以帮助泰国实现旅游和环境可持续发展的战略目标，帮助二线城市和地区经济获得长足的发展。泰国在开发传统自然旅游资源的同时，注重文创行业旅游资源的开发与利用；再者，加强基础设施建设实现旅游业转型。针对机场容量超载的问题，泰国机场公司决定在10年内向6家主要机场投资约60亿美元，以加速推进机场扩建计划。泰国机场公司预计，到2022年机场扩建完成后，仅曼谷素万那普机场的接待能力就将提升至9 000万人次。泰国铁道局还将加快实施东部经济走廊地区连接三大机场的高铁项目，以进一步加强基础设施间的互联互通。

❧ 二、主要旅游资源

泰国地处中南半岛中部，热带风情浓郁，拥有独特的文化传统、民族风俗以及保存完好的历史遗迹，是亚洲重要的旅游国家之一。泰国的曼谷、普吉岛、帕塔亚和清迈被称为国家四大旅游中心。泰国已开发的旅游项目主要集中在拥有丰富的自然资源和文化资源的15个府，即曼谷市、清迈府、清莱府、彭世洛府、呵叻府、乌汶府、春武里府、北碧府、佛丕府、巴蜀府、宋卡府、普吉府、攀牙府、陶公府、素叻他尼府。

1. 曼谷

曼谷是泰国国家的政治、交通、经济、金融发展的中心之地。曼谷市内融合东西方文化、包罗万象，市内河道纵横，货运频繁，有"东方威尼斯"之称，市内寺庙林立达400余座，异国风情浓厚。主要旅游资源包括曼谷大皇宫、玉佛寺、郑王庙、卧佛寺、金佛寺、暹罗广场大型国际旅游购物中心、乍都乍周末市场、考山路、丹嫩沙多水上市场、耀华力路唐人街等。

2. 普吉岛

普吉岛位于泰国南部，是泰国最大的海岛，也是泰国最小的一个府，是泰国南部海滨旅游城市的代表。普吉岛以其迷人的风光和丰富的旅游资源被称为"安达曼海上的一颗明珠"，有"珍宝岛""金银岛"的美称。主要旅游景点包括芭东海滩、芭东夜市、江西冷购物中心、班赞生鲜市场等。

3. 清迈府

清迈府位于泰国北部，是泰北重要的政治、旅游、文化、教育中心，为仅次于曼谷的泰国第二大城市。清迈地处山区，是泰国山地旅游城市的代表。清迈府自然景色旖旎，森林密集，平均海拔300米。清迈全年气候凉爽，是著名的避暑胜地，被誉为"泰北玫瑰"。清迈是一座历史悠久的文化古城，早在13世纪，孟莱王就定都于此，历史文化资源丰富。清迈著名的旅游景点有塔佩门、契迪龙寺、宁曼路、清迈大学、双龙寺、瓦罗罗市场、清迈夜间动物园、蒲屏行宫等。

4. 帕塔亚

帕塔亚位于泰国东部沿海地区（春武里府），位于曼谷154千米，是世界闻名的旅游度假胜地。帕塔亚拥有3 000米的白色狭长沙滩。帕塔亚拥有极其丰富的旅游资源，海滩、寺庙、博物馆、游乐园、水上市场一应俱全。著名景点包括帕塔亚海滩、信不信由你博物馆、格兰岛、东芭乐园、真理寺等。

第五节　　交通运输业

泰国交通运输系统由公路、铁路、内河航运、海上航运和空运5部分组成。交通运输网络是以曼谷市为全国的交通枢纽中心，向全国各地辐散。第二次世界大战以后，泰国政府开始大力兴修铁路和公路，使原有的北线、东线和南线的公路和铁路有了极大的发展。20世纪20年代，随着国际贸易的发展，泰国在发展原有海上交通事业的基础上，进一步拓宽了进出口货物的运输能力。20世纪70年代末，泰国开始大力发展航空业，有往返于世界各地的航空线路。

泰国内阁下设交通运输委员会和交通运输部来管理全国的交通事务。交通运输部又分设公路、铁路、内河航运、海运和交通管理厅。泰国国内货物运输主要以公路运输为主，出口货物则主要以海运为主。

❦ 一、铁路

泰国第一条修建完成的铁路是1893年由私人企业北榄铁路公司修筑的专供皇室旅游的专线铁路。铁路全长20余千米，连接曼谷与海滨度假胜地北榄坡府。拉玛五世王朱拉隆功在位时期，为了加强当局对东北部抗法局势的控制，泰国成立了皇家铁道院筹建曼谷前往东北部的铁路，并于1892年正式破土动工，全长264千米，于1900年全线竣工。此外，1893年泰国唯一一条采用电力牵引技术修建的铁路正式通车。该条铁路全长21千米，从曼谷出发直至湄南河河口。1959年，泰国皇家铁道院将该铁路收回并拆除。

在修建上述铁路后，泰国铁路系统网络开始逐渐修建起来，并以曼谷为中心，向北部、东部、南部以及东北部延伸，均为主干线。当时修建的铁路以湄南河为界限，东侧是1 435毫米轨距的标准轨，西侧是1 000毫米的米轨。1919年至1930年，为方便与缅甸和马来西亚铁路的连接，泰国才将铁路完全改为米轨铁路。1951年7月1日，根据泰国铁路法，皇家铁道院更名为泰国国家铁路局，成为政府拥有的自主企业，确立了今日泰国铁路的基本形态。

此外，还有完全独立于国家铁路系统网络之外的铁路支线——美功线。其起点为班兰，终点为美功。

北线，以清迈府为终点。

东北线，以位处泰-老边境的廊开府为终点，支线可通往位于泰-老边境的乌汶府。

东线，以泰-柬边境的沙缴府为终点。

南线，以泰-马边境的也拉府和那拉提瓦府为终点。

2010年4月27日，泰国内阁表决通过了《泰国国家铁路基础设施投资计划》，该项项目实施共分为三个阶段：

（1）双轨铁路建设紧急阶段：2010—2015年。全程767千米，投入资金66.1亿泰铢。

（2）双轨铁路建设第二阶段：2015—2019年。全程1 025千米，投入资金1 129亿泰铢。

（3）双轨铁路建设第三阶段：2020—2025年。全程1 247千米，投入资金1 457亿泰铢。

2013年10月中国国务院总理李克强访问泰国期间，中泰双方正式提出高铁合作意向。该项目自2015年1月21日开始第一次谈判，双方共开展20多次会议，就铁路里程、资金来源、施工时间等问题进行交流与磋商，最终于2017年12月21日动工。截至2019年3月，中泰铁路合作项目一期工程3.5千米段进度已达45%

中泰铁路是中国投资泰国铁路的合作项目，未来连接中国云南昆明和泰国首都曼谷。中泰铁路的修建主要通过中泰两国政府间直接合作，由中国参与投资、修建一条长867千米的双轨标准轨铁路。路线由北向南，自中国云南省昆明出发，连接泰国东北部重要口岸廊开府，到首都曼谷及东部工业重镇罗勇府。中泰铁路计划实现与即将修建的中国-老挝万象连接，这将有利于实现东盟一体化后泰国与东盟其他成员国家间的互联互通。

❀ 二、公路

1. 公路建设情况

泰国交通发达，公路覆盖泰国各府，总里程约5万千米。其中，一级公路7 100千米，二级公路1万千米，府级公路3.3万千米，城际公路280千米。按照1992年《公路法》，泰国公路由中央和地方分管，包括特别公路、国道、专营公路、市政公路和乡村公路。特别公路即高速公路，是指对车辆进入道路进行封闭管制、对周边发展活动予以特别管理的高等级道路。此类道路须由部长指定。国道是指连接各区、重要场所的一级道路。国道须由公路厅认定。专营公路是指按照泰国有关法规，政府签约、将经营权转让给民间进行运营的道路。市政公路是指覆盖城市区域的道路。按照泰国行政部门职责分工，前3类由泰国交通部公路厅负责，后3类由其他机构负责。如：乡村公路由公共工程厅、加速农村发展办公室、御产厅等机构负责，市政公路则由各市政部门负责，而维护道路由市政下属部门负责。

泰国公路命名原则可以分为两类。一类是按照地域划分："1"打头的属北部公路，"2"打头的属东北部公路，"3"打头的属中部、东部公路，"4"打头的属南部公路。另一类是按照道路分类划分：一位数的系连接各府的主干道，现有1、2、3和4号公路；两位数的系连接府与府之间的一级公路；三位数的系指某府的二级公路；四位数的系指南部、北部分离于道路系统的通往重要场所的支线公路，如南部的"4006"号公路。

与中国及周边国家互联互通情况如下：

R3A线路（昆曼公路）：泰国—老挝—中国云南省，全长约1 863千米，其中中国境内段长690千米，老挝境内段长228千米，泰国境内长945千米。

R3B线路：泰国—缅甸—中国云南省。

R3W线路：泰国—缅甸—中国，全长约1 850千米。

R9线路：泰国—老挝—越南（连接R1线路）—中国广西壮族自治区。

R12线路：泰国曼谷—老挝—越南—中国广西壮族自治区，全长1 769千米。

2. 公路运输

公路运输是泰国最主要的客货运输方式。泰国公路运输可分为公路货运和公路客运两种。公路货运，分为两大类别，即国内公路货运和跨境公路货运。公路货运量在泰国国内货运总量的占比已超过80%。公路客运分为两大类：一类是曼谷市和周边地区的公路客运，另一类是曼谷市至其他府、府与府之间（不包括曼谷市）和府内的公路客运。

此外，曼谷有以下三个长途汽车站：

亿卡迈车站：由此可乘车至东部各府，如帕塔亚。

摩七车站：由此可乘车至北部与东北部各府。

南部客运站：由此可乘车至南部各府，如普吉府、素叻他尼府。

另外，泰国还有跨境客运服务，有6条通往老挝的长途客运线路，包括：廊开—万象线路；乌隆—万象线路；乌汶—巴色线路；穆达汉—沙湾拿吉线路；孔敬—万象线路；呵叻—万象线路。

三、 空运

泰国航空事业十分发达。航空运输对泰国经济起着十分重要的作用，尤其是航空客运已成为外国游客入境泰国的主要运输方式，乘飞机入境泰国的外国游客人数占入境泰国的外国游客总人数的80%。当前泰国航空局、交通运输部和市政航空部共同规划和管理国家航空设施。

在货物运输方面，由于航空货运的费用较高，航空货运总额仅分别占国内货运总额和国际货运总额的0.02%和0.3%，采取空运的产品主要是单位价格高的电子配件以及鲜花等。

1. 泰国的机场

泰国拥有广泛的空中运输网络，各大中城市都有机场，从泰国任何一个府或地区到曼谷的飞行时间仅有1小时左右。泰国多个国际机场包括廊曼国际机场、素万那普国际机场、清迈国际机场、清莱国际机场、甲米国际机场、普吉国际机场、苏梅国际机场、华欣机场、合艾国际机场、乌塔帕奥国际机场以及帕塔亚国际机场。

2. 泰国的主要航空公司

泰国是东南亚地区的主要航空中心之一。泰国的国际航线可直飞亚洲、欧洲、美洲及大洋洲30多个城市。香港、北京、上海、广州、昆明、成都、汕头每周都有航班飞往曼谷。在泰国投入营运的主要航空公司包括：

泰国国际航空公司是泰国的国家航空公司，也是泰国最大的航空公司。1951年，泰国政府通过并购3家小型私营航空公司，组建了国营的泰国航空公司。1960年，泰国航空公司与北欧航空公司合资，共同组建泰国国际航空公司（简称泰航），专门负责海外航线。而泰国航空公司继续负责国内航线。1977年泰国政府通过购买北欧航空公司手中泰航的股权，使之完全国有化。1988年，泰国航空公司并入泰航。泰国国际航空公司是东南亚的领先航空公司，在世界级的亚洲航空运输中心的素万那普国际机场进行业务经营。泰国国际航空公司的主要运输枢纽中心包括曼谷、清迈、普吉和合艾。

曼谷航空公司是一家地区性航空公司，总部设在曼谷。其经营定期航班服务可到达20个目的地，包括泰国、柬埔寨、中国、日本、老挝、马尔代夫、缅甸、新加坡和越南。它的主要基地是泰国素万那普国际机场。

飞鸟航空公司是一家廉价航空公司，主要飞行以曼谷为中心的泰国国内航线，票价约比泰航便宜30%。

泰国亚洲航空公司简称"泰国亚航"，是马来西亚廉价航空公司亚洲航空与泰国亚洲航运有限公司的合资公司，经营自曼谷和泰国其他城市出发的国内及国际航线。泰国亚洲航空是素万那普国际机场唯一同时经营国内和国际航线的廉价航空公司。

✿ 四、水运

泰国东南临泰国湾，西南濒安达曼海，发展海上运输贸易条件优越。内陆河网密布，尤其在中部地区，湄公河和湄南河为泰国国内内河航运的两条重要运输干线。泰国共有47个港口，其中海湾港口26个，国际港口21个，曼谷港是最重要的港口，承担全国95%的出口和几乎全部进口商品的吞吐。主要港口是曼谷港、林查班港、清盛港、清孔港和拉廊港。

泰国有4 000千米长的内陆水道，有助于扩展泰国运输系统。

1. 内河航运

泰国内河航运发达，雨季可通航的河流长达1 750千米，其中有1 120千米为天然的河道，630千米为运河，但其中全年均可航行的河道只有1 100千米。内河运输的主干是湄南河。雨季时，吃水可达2米载重80吨以下的船只可由泰国湾从湄南河河口上行通航到那空沙旺府。

中部河网：中部平原和湄南河三角洲上的河道和运河组成了天然的水运网，北至披集府，东至那空那育府和巴真府，西到叻丕府，南到北榄府和沙没沙空府。长期以来，中部河网一直是泰国运送柚木和稻米的主要渠道，中部平原的稻米常通过河运送往国内各大碾米厂和曼谷港。

东部河网：东部河流走向复杂，主要有邦巴功河和那空那育河等，都可以与湄南河相连通，终年通航。但由于陆地交通的方便，一般不用于大型长途运输，只供地方性使用。

西部河网：该地区河流运输距曼谷较远，但用途很广，像迈格隆河和他真河，均可终年通航，而且作用较大。

北部、东北部河网：东北部主要有湄公河、门河和锡河，这些河流均可常年航船。其中湄公河是中国和东南亚地区各国共同开发的航运大河，在泰国北部的货物出口方面有着巨大作用，通过湄公河–澜沧江国际航运水道可直达中国云南的关累港和景洪港。

南部河网：泰国南部由于其地形较为狭窄，没有较长的河流，主要有达比河、北大年河和甲武里河，这些河都可常年行船。

2. **海洋运输**

泰国地处中南半岛中部，靠近太平洋和印度洋。泰国的海岸线长约 2 600 千米。海运线可达中国、日本、新加坡、中东、欧洲、美国。

其中，曼谷港和林查班港是泰国进出口贸易的门户，承担泰国90%以上的海上货物运输任务。拉廊港位于泰国南部，主要以进出口农产品为主。此外。在泰国北部湄公河上，有清盛港、清孔港，其通过湄公河向中国进出水果蔬菜等产品。在南部，泰国政府建了宋卡港和普吉港，目的是为了租赁给私人经营。宋卡港主要以装卸橡胶、冷冻海鲜、罐装食品等过境物资为主，而普吉港则主要为游船提供服务。

下篇

第九章　经济体制变革

第一节　第二次世界大战后的泰国经济发展

　　泰国近代对外开放的历史可以追溯到19世纪中叶的拉玛四世王时期。第二次世界大战前，泰国的主要贸易对象是英国、德国等欧洲国家。第二次世界大战后，泰国开始实施较为全面的对外开放的政策。美国、日本、欧盟、东南亚各国、沙特阿拉伯等相继成为泰国的贸易伙伴，其中美国、日本、东南亚是泰国最重要的贸易伙伴。1932—1957年，泰国曾实行长达25年的国家资本主义政策。1957年，在世界银行的帮助下，一支由法国、德国、意大利、挪威、英国和美国专家组成的考察团协助泰国政府开始对泰国经济进行深入考察，并完成对泰国经济的评估报告。该份报告对泰国未来的经济发展趋势产生了深远的影响。泰国政府以此为蓝本，于1961年颁布第一个国家经济与社会发展计划。泰国开始全面步入资本主义经济发展道路。

　　根据世界银行专家报告，泰国政府调整了经济、工业和全国发展总布局三大规划。经济方面，泰国政府提出将继续发展扩大大米生产，并加大南部橡胶的种植力度。政府将通过实施经济措施对泰国民众给予帮助，并吸引外资对泰国工业等领域进行投资建设。工业方面，泰国政府决定采取民间资本投资推动泰国工业化发展，政府只在基础设施建设和政策优惠方面为民间资本提供支持和鼓励。全国发展总布局方面，泰国政府着重加强供电、供水、交通、通信等基础设施建设。此外外国专家团还对国民教育、公共卫生和社会福利等提出了相关意见。

第二节　　泰国国民经济与社会发展规划

　　历史上的泰国是一个传统的农业国家，19世纪中叶，伴随着西方人的到来，外来市场对泰国大米、橡胶、木材、锡矿、香料等的需求极大地刺激着传统泰国市场。第二次世界大战前，除了低水平的碾米业、木材砍伐业和采矿业外，泰国基本上没有其他工业。虽然泰国在外交政策上的成功使其在中南半岛上成为唯一未沦为殖民地国家，但第二次世界大战的破坏依旧毁灭性地打击着这一原本工业基础薄弱的传统农业国家。由于第二次世界大战参加德意日轴心国，战后的泰国外交依然孱弱，国际地位仍然不高。1946年1月1日，泰国为争取英国对其内政改革的支持，与英国签订了《英泰和平条约》，这在很大程度上加大了泰国经济发展的负担。《英泰和平条约》规定，泰国必须向英国提供120万吨大米。此外，战后的泰国还要赔偿英、澳两国在泰国锡矿的生产损失共计16 000吨。战后的泰国经济面临着生产停滞、外贸封禁、通货膨胀等众多棘手问题。1960年，泰国农业收入占国民收入的80%左右，工业收入占国民收入的5%左右，服务业收入占国民收入的12%左右。工业基础非常薄弱。

　　銮披汶·颂堪政府为振兴国家经济，决定将推动国家经济发展的重心先集中在小型工业上，并以原料加工为主的轻工业作为发展的重点。銮披汶·颂堪政府颁布了《工业奖励法》，以促进泰国工业发展，并鼓励外商投资，对在泰国投资建设的国内外企业给予优惠政策，以扶持本国经济的逐步恢复。

❖ 一、进口替代工业发展时期（1954—1971年）

　　泰国工业化进程从1954年銮披汶政府颁布泰国《工业奖励法》正式开始。当时国际市场中橡胶、锡的需求锐减，大米国际市场价格也暴跌，从而造成泰国出现外汇收支危机。1959年，泰国经济发展委员会（1972年更名为国家经济和社会发展委员会），负责制订国家长期经济发展计划。1960年，泰国颁布《鼓励工业投资法》，并在1962

年、1965—1968年先后进行数次修订，鼓励外资对泰国投资。这个时期可分为两个阶段：

（1）1954—1957年是以国家资本为主导的进口替代工业阶段。此期间设立的国营工业企业有100多家，主要是纺织、水泥、钢铁制品、陶瓷等，而私营工业企业则只有11家。这些国营工业企业多半为少数官僚特权阶层所把持，贪污腐败之风甚盛，工作效率很低，连年亏损，成为政府的财政负担。泰国在1954—1960年工业进展缓慢，成效很小，工业总产值年均仅占国民生产总值的10％。

（2）1957—1970年是由民间资本起主导作用的发展进口替代工业阶段。1957年，沙立执政后，聘请了世界银行专家调查团到泰国协助政府制订经济发展计划。该调查团建议泰国政府采取鼓励民间资本投资发展工业的方针，认为政府应在建设社会基础设施和政策优惠方面为民间资本投资提供方便。泰国政府接受了这个建议，从1958年起开始在经济政策方面实行了重大的改革，强调要实行对外开放的经济改革，赞成自由市场的发展形式，政府不干预经济；允许资金外汇款自由流动；由政府起主导作用发展工业转为由民间资本起主导作用发展经济。

第一个国民经济和社会发展计划（1961—1966年）。1961年，泰国第一个国民经济和社会发展计划正式实行，计划执行时间为6年，并分为1961—1963年和1964—1966年两个发展阶段。目标是追求经济高速度增长，将资本密集型的重化工业确定为进口替代工业的重点。泰国政府进一步加强对泰国经济和社会基础框架建设的投资，如加快修建曼谷通往其他外府的公路、铁路，修建用于发电与灌溉的普密蓬大坝和夜功大坝、修建通信与运输系统、农业灌溉系统、供水系统等。在此期间，泰国政府将资本密集型的生活消费品工业确定为进口替代的重点，并规定：凡投资冶炼、机器制造、化工等被列为第一类行业的工业的，在进口生产资料时可享受100％关税减免；属于第三类行业的轻工业可以享受33％的关税减免。同时泰国还提高了工业制成品的进口关税，以保护国内产业的发展。但由于资金不足、技术落后、市场狭小等因素的制约，此时的泰国工业生产难以形成规模，制成品成本高，缺乏竞争力，工业发展仍很缓慢。

第二个国民经济和社会发展计划（1967—1971年）。此期间，泰国政府将经济发展计划更名为"经济与社会发展计划"，计划执行时间更改为5年。在第二个经济和社会发展计划中，泰国着重强调加快经济发展的速度，并注意到曼谷地区与国内其他地区发展速度的差异，尤其针对泰国东北部的发展进行规划，开始注重经济框架设计的细节。同时，泰国政府强调社会发展与经济发展的协调；注重人才培养，制订国家发展紧缺人才的培养计划；加强中央政府与地方间的联系，重视区域发展，尤其强调其在地方国有工业、商业和其他服务业中所处的重要地位，帮助部分偏远落后地区发展。该计划总投资558亿铢，其中外国贷款144亿泰铢，占25.8%。但最终第二个国民经济和社会发展计划没有达到原定目标，其原因主要是由于外国贷款比预期的有所减少和稻米的出口数量减少导致了出口收入下降，影响了原定投资计划。

在第二个国民经济和社会发展计划时期，泰国政府主张将进口替代对象转向轻纺和农产品加工业。这段时期是泰国工业化的初期，亦称为"泰国工业革命"时期。这段时期的经济是以进口替代发展战略为主的内向型经济。由于实行上述政策，泰国经济取得了较大的发展：

(1)1960—1971年，工业总产值年均增长率达11%，相当于20世纪50年代的两倍。

(2)经济结构有了明显变化。农业在国民生产总值中所占的比例从1961年的39%下降到1971年的27%，制造业则从11.5%上升到17%。

(3)1960—1970年，出口增长率年均为5.2%，出口的工业品所占比例则从1965年的5.8%，上升至1970年的21.7%。

(4)积累率提高。1960年泰国总固定资本形成率为14.8%，到1970年达到24.1%。但从1968年开始，泰国的国际收支趋向恶化，贸易逆差问题逐渐凸显且日益严重。

❖ 二、出口导向型工业发展时期（1972—1981年）

第三个国家经济和社会发展计划（1972—1976年）。20世纪60年代末，泰国开始实行出口导向的劳动密集型制造业。为了实现国家发展战略，泰国政府着手实施三项重大的改革措施：第一，改善投资条件，鼓励外资和外国先进技术的引进，尤其鼓励外资和外国先进技术向制造部门流入。第二，减免出口税，鼓励建立生产出口产品的企业，以加大工业制成品的出口。第三，在沿海地区建立出口工业园区，引导国外和国内投资者到区内创办专营出口商品的各种企业。

第四个国家经济和社会发展计划（1977—1981年）。泰国政府将目光转向了以消费型产业为主体、继续实行以出口为导向型的经济发展模式。1977年，泰国政府重新将1972年颁布的《投资奖励法案》进行修改，重点鼓励来料加工型出口企业和以本国农矿产品为主的出口加工产品的投资、生产与出口。此外，对工业部门改造，鼓励本国加工出口产品，重视发展基础工业部门，设立了拉格邦工业园区、林查班工业园区、北部工业园区、挽埠工业园区等。泰国实行"出口导向型"经济，在国际农副加工产品、轻纺产品市场活跃。在泰国国内政策支持，劳动力廉价，生产成本低廉等因素的共同促进下，泰国国内经济结构不断优化，农业占国民经济的比例不断缩小，工业品出口值占总出口值的比例从1970年的5.4%增至1981年的28.8%。

三、工业调整及高速发展时期(1982—1991年)

第五个国家经济和社会发展计划（1982—1986年）。由于20世纪70年代中后期，石油危机造成国际石油价格剧烈波动，泰国经济遭受重创。加之在贸易保护主义下，泰国农产品在国际市场上的举步维艰使泰国经济发展深受打击。长期的进口导向计划使国内重工业与轻工业发展不平衡，传统的出口发展模式遭遇重挫。在第五个国家经济和发展计划下，泰国重点鼓励发展出口工业，同时制定一系列措施，鼓励对外贸易向第二次"进口替代"型工业过渡。

第六个国家经济与社会发展计划（1987—1991年）。第六个五年计划，既重视经济增长，又注重社会的发展，主要体现在以下几个方面：稳定财政金融、开发人才和科学技术、改革政务管理体制、整顿国营企业的商业化发展、建设基础设施、建立市场经济、改善环境等。从过去注重物力、财力转变为依靠智力来发展经济，并使各方面能协调发展。第六个五年计划强调实现现代化要与泰国人民的生活方式结合起来，在重视工业发展的同时，也要重视农业和服务业的发展；调整政府的作用，发挥民间私人企业的积极性；提高国民的素质，以提高产品质量、生产效率和经济效益；重视与工业配套的东部沿岸地区的基础设施建设，兴建林查班工业园区和马达浦工业园区，对林查班港深水码头、曼谷—北榄坡府的湄南河水道、廊曼国际机场等项目的建设进行升级改造。

🏵 四、稳步增长时期（1992—1996 年）

第七个国家经济和社会发展计划（1992—1996 年）。在经历 20 世纪 80 年代中后期泰国经济高速增长之后，泰国政府开始实施协调发展战略。其提出的总体目标为保持经济的适当增长速度，使经济持续稳定的增长；改善内地和农村收入分配，提高人民生活水平和保护环境。在这一时期中，泰国经济发展高速且平稳，年均增长率高达 8%左右，农业占国民经济的比例不断下降；对工业发展采取的个别优惠政策变为一般税制的优惠政策；采取了发展中小型企业、促进地方工业化、促进技术革新、促进工业原料进口自由化等措施。此期间，外贸出口发展飞速，而以旅游业为主的服务业也蓬勃发展，并开始在泰国经济中占据重要地位。

🏵 五、金融危机后复苏期（1997 年至今）

第八个国家经济和社会发展计划（1997—2001 年）。该计划的总体目标：一方面，保持国民经济持续稳定发展，促进工业升级，鼓励出口，增强出口产品在国际市场上的竞争能力；另一方面，强调人的全面发展，指出经济发展的最终目标是为了改善人民生活质量和提高全民族素质；注重挖掘人文潜力，培养人们解决问题的能力和领导才能；同时，增强环境保护意识和社会责任感。1997 年泰国金融危机全面爆发，泰铢汇率从年初时的 25.6 泰铢兑 1 美元开始一路走低，在 7 月份开始狂跌，到年底时已降至 53 泰铢兑 1 美元的历史最低水平，贬值100%。随后泰国政府采取了整顿金融机构、调整房地产价格、限制进口、削减财政开支等措施努力阻止金融危机的不断蔓延。1998 年，泰国的经济增长已跌至 -10.5%，失业率从 1.5% 上升至 4.4%，通货膨胀率从上年度的 5.6% 上升至 8.1%，工业设备使用率从 1995 年的 77.5% 下降至 52.8%。

2001 年初，他信政府上台后开始推行国际、国内市场共同拉动泰国经济增长的 "双引擎" 战略。对外方面，稳定同美国、日本等传统商业伙伴间的联系，并积极开展与中国、中东、印度、南非等新兴市场间的经济合作，并发起建立国际橡胶、稻米的卡特尔组织，抬高国际农产品价格。在国内市场方面，实行扩张性的财政政策，刺激国内市场消费。实施"一乡一品"计划，建立"乡村发展基金"，成立泰国资产管理公司处理金融系统的不良贷款，实施"30泰铢治百病"计划以完善社会医疗保障体系，退订"资产资本化"计划，实行"仁爱住房""仁爱出租车"等仁爱计划等。"双引擎"战略是为了缓解泰国在经济危机中受到的重创，试图解决泰国经济发展中的结构问题。

第十一个国家经济和社会发展计划（2012—2016年）。该计划确定的目标包括：稳定农业粮食产量、实现经济稳定增长、推动与邻国的良好关系及往来、改善环境和保持可持续发展、推动社会公平、鼓励公民接受长期教育制度。泰国投资促进委员会于2014年正式批准通过泰国《七年投资促进战略（2015—2021）》。《七年投资促进战略（2015—2021）》围绕着泰国工业4.0升级，着重知识经济、数字与创新产业、绿色产业、可替代能源产业、旅游与医疗保健，以及物流枢纽六大产业发展，以实现发展与提升泰国国际竞争力、促进生态环境保护和谐发展、打造团体性投资模式、推动泰国南部经济投资、拉动经济特区尤其是边境特区的经济发展，以及激发泰国资本在国外市场投资的战略目标。在此基础上，对长期实行的"投资促进鼓励区"政策进行修改，国家经济发展鼓励区明显向边境贫困与欠发达地区倾斜，并设立"边境经济区"的优惠政策以加快边境地区经济发展步伐。新的经济特区划分主要为四大部分，第一部分目标直指泰国经济水平最低的20个府，包括加拉信府、猜也蓬府、那空拍侬府、难府、程逸府、帕府、马哈沙拉堪府、穆达汉府、夜丰颂府、益梭通府、四色菊府、沙功那空府、素可泰府、素林府、乌汶府、安纳乍仑府等。第一经济特区包括达府、沙缴府、哒叻府、穆达汉府、宋卡府的5个府级行政单位中的10个县与36个村镇。第二经济特区包括廊开府、那拉提瓦府、清莱府、那空拍侬府、北碧府等13个府级行政单位，54个行政村。南部重点发展区域包括那拉提瓦府、北大年府、也拉府、沙敦府和宋卡府的4个特别县区。针对边境开发，巴育政府采取"投资优惠产业+优惠特区"的方式，鼓励国内外资本对泰国投资建设，以此拉动泰国边境地区的发展。

第十二个国民经济和社会发展规划（2017—2021年）。该计划于

2016年12月正式颁布，与此同时，为改变泰国自亚洲金融危机以来就一蹶不振的传统制造业，引导国家走出"中等收入陷阱"，巴育政府进一步提出"泰国4.0"战略方针。第十二个国民经济和社会发展规划被誉为泰国步入"泰国4.0"时期的重要经济发展计划。该计划为缓解社会矛盾，转变泰国长期以来倚重中、东部经济发展区域的状况，激发泰国边境地区尤其是北、东北和南部地区的经济发展潜力，大力推动经济改革。第十二个国民经济与社会发展计划继续坚持"知足经济哲学"，"可持续发展"和"以人为本"的发展理念，围绕"稳定、繁荣、持续"三个核心，着重对以下20个国家经济与社会发展重点进行经济模式调整。

（1）制订国家研究计划，推动创新技术在国家各个领域的应用，提升国家发展潜力。

（2）促进科学技术发展，支持创新研究与开发。

（3）加大各年龄段人力资源开发。

（4）增进社会公平，缩减社会差距。

（5）重组制造业，增加经济产业链中的就业机会。

（6）深入挖掘地方潜力升级，改造农业生产体系以适应气候变化带来的威胁。

（7）充分挖掘现今制造业与服务业潜力，并以更先进的技术和设施推动未来国家制造业和服务业发展。

（8）鼓励加强现代经济，如数字经济、生物经济、创意经济，以及文化创业企业和社会企业的发展。

（9）加强国家服务业竞争力，通过强化服务业水准，支持制造业发展。

（10）建立制造业之间的联系。

（11）发展中小型企业、社区合作企业和社会企业。

（12）建设安全性自然资源基地和提高环境质量。

（13）基于民主君主立宪制理念广泛听取各方不同意见，促进恢复国家经济的各项因素发展。

（14）加强公共部门的管理，做好预防泰国社会的腐败工作，创造政府良政。

（15）发展国家的基础设施和物流体系，支持城市和主要经济区域扩展的服务能力和服务质量，促进社会上所有群体的生活质量的发展。

（16）推动城镇与乡村经济发展，东海岸的发展和振兴，以支持工业部门的未来增长，促进边境经济可持续发展。

（17）在可持续框架内，加快国际间合作步伐。

（18）促进泰国外府投资。

（19）改善泰国金融部门的效率和竞争力。

（20）进行预算和财政改革。

第三节　发展中的泰国4.0计划

历经泰国的1.0农业时代、2.0轻工业时代和3.0制造业时代，泰国经济正努力向泰国4.0时代转变。这将是一项自2017年起至2036年横跨未来20年的国家施政纲领，以每五年为一个发展阶段，且不受政府更替影响的重大改革。最初的泰国1.0聚焦于农业部门；再到泰国2.0，以轻工业为推进动能，利用廉价劳动力促兴制造业；而随后的3.0时代，大量的国际资本和技术涌入泰国，使泰国的制造业变得更为先进，生产结构也由原先的进口替代升级为出口导向。泰国3.0战略推行初期，泰国的经济增长率为7%～8%，预示着泰国会成为一个类似于韩国、新加坡的新兴工业国家。这一切看起来都很顺利，但事实上3.0模式是一种脆弱的发展模式，并不能改变长期存在于泰国经济社会发展中的诸如"国内市场消费缓慢、对外依存度高、产业升级滞后、国内产业发展不足"的内在矛盾。

泰国4.0时代要用新的经济模式即十大目标产业作为推动经济增长的"新引擎"。十大目标产业可分为两大类：一类是通过先进科技为现有的产业增值，这些产业包括汽车、智能电子、高端旅游与医疗旅游、高端农业、食品创新；另一类是引领泰国未来经济增长的五大新兴产业，包括智能机械（机器人）与自动化、航空航天、生物能源和生物化学、数字化、医疗与保健。而所谓的新经济模式，则是从劳动力密集朝向高附加价值和创新驱动转型，从生产商品转向生产创新产品，侧重高科技、产业创意与创新。

❀ 一、18个经济府的兴起计划

当前泰国府级行政单位共计77个。根据泰国4.0计划对全国经济区域进行划分，将全国77个行政府分为18个经济区，建立依托18个经济区和77个府的发展机制，增强经济实力。其中在77个行政府中强调设立收集产品的中间市场，这主要依托于原先"一村一品"项目中原有的经济产业基础而实现。在18个经济区中，侧重于建立有加工能力、能为工业园区产品创造附加值的大型工业和大型存储仓库，以便将经济府内的商品汇集而进行加工生产，建立遍布全国的产业集群。国家方面则通过大数据中心、物流中心、国家商业银行等扶助国家中小企业、初创企业和具有发展潜能的项目与公司的发展。

泰国政府确定的18个经济区及其定位为：

（1）上北部是创意经济中心，是健康食品和创新农业之城。

（2）上北部是通往湄公河流域和东盟十国的门户，是生态旅游中心。

（3）中北部是向印度支那开放的贸易和服务中心，是通往缅甸的门户。

（4）中北部是大米贸易和世界遗产旅游中心。

（5）上东北部是大湄公河流域的商业中心，也是通往东亚和中国的门户。

（6）上东北部是农业和畜牧业产品中心，也是东北部生态旅游基地。

（7）中东北部是创新农业和食品之城，也是东北部的物流中心。

（8）下东北部是以文明和运动为主的创意经济城市，也是农产品贸易中心。

（9）下东北部是茉莉香米之乡，也是通往东亚地区的门户。

（10）中部是世界文化遗产旅游中心，也是食品创新城市。

（11）中部是生产健康食品的基地。

（12）中部是绿色产业和生态旅游中心，也是通往东盟和世界的门户。

（13）下中部及西部是贸易创意旅游中心。

（14）下中部是渔业加工、农产品和国际旅游中心。

（15）东部是有机水果、清洁工业、健康旅游中心。

（16）南部泰国湾是农产品贸易中心（橡胶、棕榈油、水果）。

（17）安达曼海岸南部是世界级旅游中心，也是食品科学创意经济中心。

（18）南部边境是创新型农业和农业产品化的城市（橡胶、渔业、清真食品），通往东盟的南部门户。

🌸 二、东部沿海规划

泰国东部经济走廊包括北柳府、春武里府、罗勇府三府，内含泰国东部工业基地，总面积13 266平方千米，人口达到288万。根据规划，东部经济走廊工业用地总体规划超过48平方千米，可立即进驻的工业用地为24平方千米，未来将再开发不少于24平方千米的工业用地。泰国东部经济走廊规划总的指导思想是，通过经济特区的建设带动区域高新科技发展，推动泰国产业机构调整，打造区域未来产业超级集群，带领泰国走出中等收入困境。其具体措施包括：

（1）通过国家维持和平秩序委员会主席令特权，从立法和行政层面进行统筹，打破民选政府时期政治家系统和公务员系统、中央政府和地方政府、行政与司法之间的隔阂，统筹管理共同建设经济特区。

（2）政府与民间资本共同投资。政府的项目放开对民间投资的限制，利用民间资本和生产力，迅速建设经济特区基础设施、工业、运输、港口和公共服务设施等。

（3）构建现代化的交通网络系统，规划纵横联通、高效便捷、低成本的交通物流运输网络。

（4）招商引资，打造新经济增长引擎。发展传统优势产业和未来产业，促使泰国产业科技升级和改造。传统优势产业包括：新一代汽车制造、智能电子、生物科技、高端农业、高端旅游和医疗旅游、食品深加工。未来产业包括：自动化和机器人、航空和物流、生物化工和生物能源产业、数字化产业、医药中心。

（5）优化东部沿海工业园区布局，促进区域内经济区产业链结合。通过东西经济走廊、南北经济走廊实现区域联通。

（6）打造社会生态结构，提高国民教育、生活水平。建立新城市、社区，发展教育、旅游行业，促进积累人力资本。

三、中小企业振兴计划

2015年中小企业的国内生产总值为5 559 534万泰铢，占国内生产总值的41.1%，企业总数为2 765 986家，主要分布在批发行业和零售行业，其余的分布在服务业和工业。泰国共有10 749 735人就业于中小企业，占总就业人数的80.44%。2015年泰国出口贸易总额为7 227 927 43万泰铢，但中小企业的出口贸易总额仅为1 980 434 58万泰铢，只占出口贸易总额的27.40%。泰国企业分类显示，泰国企业面临着中型企业发展严重失衡的危机。泰国的中型企业不到14 000家，仅占全国中小企业总数的0.5%，而全球各个国家的中型企业占比大约在5%～10%。值得注意的是，泰国的非正规经济在国民经济中占有很大比例。据世界银行报道，超过50%的中小企业属于非正规经济，并且没有进行注册也不参与纳税，影响国家经济的竞争力。泰国中小企业的发展在未来泰国的经济发展中起着十分重要的作用。泰国中小企业面临的问题既存在质量方面的不足，又存在需求与供应间互不匹配的矛盾。泰国工业4.0发展规划针对泰国中小型企业的发展，提出了以下目标：

（1）到2024年，中小企业的收入和GDP份额要占全国GDP的50%。

（2）中小企业的出口额要以每年不低于5%的增长率扩大，到2020年中小企业的出口额要占全国出口贸易总额的40%。

（3）每年纳入税收制度的新企业家和旧企业家的数量不能低于60 000人次。

第十章 对外贸易

第一节 概况

自20世纪80年代以来，泰国外贸经济高速发展。伴随着泰国第五个国家经济和社会发展计划（1982—1986年）发展出口工业的巨大浪潮，出口贸易在国民经济中所占的位置日益重要。20世纪90年代，泰国外贸进出口市场进一步向多元化发展，形成了以美国、日本、欧共体国家为核心的贸易伙伴，以东盟内部邻国为贸易重点，向全球辐射式发展的新格局。近年来，伴随着中泰经济合作的快速发展，中国成为泰国又一个十分重要的核心贸易伙伴。如今，泰国已经和世界上150多个国家和地区建立经贸关系。

泰国的主要贸易伙伴有中国、美国、日本、越南、马来西亚、澳大利亚、印度尼西亚、新加坡、菲律宾、柬埔寨、印度、荷兰、德国、韩国、阿拉伯联合酋长国、沙特阿拉伯、瑞士等。

泰国的代表性产业主要包括农业中的稻谷种植及加工业、橡胶业，工业中的汽车及零部件产业、电子电器及其设备产业、机械制造业、石油石化以及服务业中的旅游业和船舶运输业。这三大产业的排序主要呈现"三二一"的结构。其中泰国农业是国家发展的重要产业，尤其泰国中部平原地区和东北部的高原地区，都是国家重要的粮食产地，并涵盖了全国三分之一左右的劳动力人口。泰国大米占世界市场总量的20%，天然橡胶的国际市场占有率超过60%。从总体上看，泰国优势出口产品集中于初级农产品、林木产品和部分矿产品，其中橡胶、水产、谷物、宝石是泰国最重要的经济资源，不仅原料和初加工产品在世界市场占有较大的份额，而且利用这些资源加工制造的工业品也具有较高的市场占有率。

第二节　2018年对外贸易情况

据泰国海关统计，2018年泰国货物进出口额为5 008.9亿美元，比上年增长8.8%。其中，出口2 498.9亿美元，比上年增长5.9%；进口2 510亿美元，比上年增长11.8%。贸易逆差11.1亿美元。贸易逆差主要来自中国和日本，2018年泰国对中国和日本的逆差额分别为205.3亿美元和107.2亿美元。美国是泰国最大的贸易顺差来源地，2018年对美国的顺差额为125.7亿美元，比上年增长9.3%；对中国香港地区的顺差额为94.6亿美元，比上年增长1.4%。

一、2018年泰国对外贸易出口情况

2018年泰国出口总额达2 498.9亿美元，比上年增长8.8%。2018年泰国对外出口贸易市场仍然以亚洲市场为主，对外贸易重要贸易伙伴国或地区前十名分别为中国、美国、日本、越南、中国香港、马来西亚、澳大利亚、印度尼西亚、新加坡、菲律宾。2018年泰国对中国出口297亿美元，比上年增长1%；对美国和日本分别出口277.7亿美元和247.2亿美元，比上年增长4.7%和12%；对东盟"10+6"国出口总额占泰国出口总额的58.8%。

从2018年泰国出口商品结构上来看，机电产品、运输设备和塑料橡胶是泰国的主要出口商品，三类产品出口总额分别为779.4亿美元、328亿美元和300.3亿美元，比上年增长4.9%、4%和4.1%，三类产品合计占泰国出口总额的56.3%。另外，食品饮料出口191.5亿美元，比上年增长4.1%，占泰国出口总额的7.7%。

二、2018年泰国对外贸易进口情况

2018年泰国进口总额达2 510亿美元，比上年增长11.8%。其中中国、日本、美国、马来西亚、阿拉伯联合酋长国成为2018年泰国对外

贸易中主要的进口来源国。中国是泰国最大的进口来源国，泰国自中国进口 502.3 亿美元，比上年增长 12.3%。其次是日本，泰国自日本进口 354.4 亿美元，比上年增长 9.4%。美国紧随其后成为泰国第三大进口国，泰国自美国进口 152 亿美元，比上年增长 1.2%。

从 2018 年泰国进口商品结构上来看，机电产品、矿产品和贱金属及其制品是泰国的主要进口商品，三类产品进口总额分别为 752 亿美元、435 亿美元和 314.3 亿美元，比上年增长 7.9%、37.5% 和 10.5%，三类产品合计占泰国进口总额的 59.8%。此外，化工产品进口 206.4 亿美元，比上年增长 11.2%，占泰国进口总额的 8.2%。

第三节　边、过境贸易及经济特区

一、边、过境贸易

泰国位处中南半岛中部，与缅甸、柬埔寨、马来西亚和老挝接壤，毗邻中国西南部、越南和新加坡。泰国的边境贸易指的是泰国同缅甸、柬埔寨、马来西亚和老挝四国从事的边境贸易。泰国的过境贸易指的是生产国运往消费国途中，途经泰国的经贸形式，主要指泰国同中国西南部、越南及新加坡之间产生的直接或间接过境贸易。边境贸易和过境贸易是泰国发展对外贸易的重要组成部分。近年来，在全球贸易增长率仅为 8% 的形势下，泰国边境贸易保持着 20% 以上的高增长率，是泰国能保持贸易顺差的重要因素。2018 年泰国边境贸易总额与过境贸易总额达 13 926.29 亿泰铢，较 2017 年增长 5.58%；其中出口额为 7 782.92 亿泰铢，较 2017 年下降 0.76%；进口额为 6 143.37 亿泰铢，较 2017 年增长 14.8%。

（一）边境贸易

泰国与缅甸、柬埔寨、马来西亚和老挝的边境贸易繁荣。2018 年的边境贸易总额为 11 246.73 亿泰铢，其中出口额达 6 509.09 亿泰铢，进口额为 4 737.64 亿泰铢。马来西亚成为泰国边境贸易最为重要的伙伴国，2018 年泰-马边境贸易总额达 5 719.28 亿泰铢，占边境贸易总额的50.85%。其后是老挝、缅甸和柬埔寨，贸易总额分别占边境贸易总额的18.9%，17.19%和12.96%。出口产品中橡胶、电脑设备及其零部件、橡胶产品、活塞式内燃机、汽车及其零部件、柴油、无酒精饮品、铁制品与钢制品、各式成品油，以及木加工品为泰国向其边境伙伴四国出口数量排前十位的商品。而泰国向其边境伙伴四国进口的产品有天然气、燃料、计算机及其相关设备、计算机磁带磁盘、工业机械及其部件、计算机零部件、纺织品、电器及其相关设备、视听及图像信息记录设备及其部件、集成电路板等。

在2018年泰-马边境贸易中，泰国出口总额达2 938.08亿泰铢，主要产品为橡胶、计算机及其相关设备、橡胶产品、活塞式内燃机以及木材；进口总额达2 781.20亿泰铢，主要产品为电脑和设备、计算机磁带磁盘、工业机械及其部件、视听及图像信息记录设备及其部件。

在2018年泰-缅边境贸易中，泰国出口总额达1 052.12亿泰铢，主要产品为无酒精饮品、成品油、纺织品及酒精类饮品；进口总额达881.14亿泰铢，主要产品为水禽、牛、猪、山羊、绵羊、肉制品、钢材及其钢产品。

在2018年泰-老边境贸易中，泰国出口总额达1 288.67亿泰铢，主要产品为柴油、汽车及其零部件、各类成品油、各种肉制产品和各类工业产品；进口总额达847.52亿泰铢，主要产品为各种燃料、铜及铜制品、信号接收器及其相关设备、电视机、蔬菜及蔬菜调味品。

在2018年泰-柬边境贸易中，泰国出口总额达1 230.22亿泰铢，主要产品为无酒精饮品、汽车及其零部件、自行车及其零部件、活塞式内燃机及其零部件、器械及其部件；进口总额达227.78亿泰铢，主要产品为蔬菜及蔬菜调味品、绝缘电线和电缆、铝及铝制品、成衣制品、铜及铜制品。

（二）过境贸易

泰国与中国、越南及新加坡保持着密切的贸易往来，泰国位处中南半岛中部地区，往来于中国、越南及新加坡的商品贸易，常常借道途经泰国。2018年，泰国与中国、越南和新加坡产生的过境贸易总额为2 679.56亿泰铢，较2017年的过境贸易总额增长12.68%。其中，出口贸易总额为1 273.83亿泰铢，较2017年下降1.91%；进口总额为

1 405.73亿泰铢，较2017年增长30.24％。中国西南方成为2018年泰国过境贸易中贸易额占比最大的区域。

二、经济特区

为发展边境经济，泰国共建有5个经济特区。

1. 达府经济特区

达府经济特区距离曼谷426千米，亚洲1号高速公路和32号快速路穿越此处。境内的湄索边境站与缅甸妙瓦底连接。该经济特区位于泰国东-西经济走廊西端，西面可连接缅甸仰光，并一路向北连接中国西南部和印度。依托边境优势，达府经济特区可与缅甸妙瓦底工业园区形成工业制造合作；依托缅甸劳动力优势，达府经济特区发展劳动密集型产业，如陶瓷生产、皮革制作、宝石加工、汽车零部件加工和物流公司等。

2. 穆达汉府经济特区

穆达汉府经济特区总面积达578.5平方千米，位处泰国东北部下端泰-老边境，距离曼谷642千米。2号、202号、207号、212号、2169号公路途经该地区。穆达汉府边境与老挝沙湾拿吉省接壤，通过泰国-老挝友谊桥与老挝沙湾-仙翁经济特区相连，并能经此进入越南岘港到达中国广西南宁。穆达汉府经济特区是泰国运输水果、饮料和电子元件等物资至沿线老挝、越南、中国，甚至陆路或水运转至日本、韩国等地区的重要运输通道，也是泰国重要的电子生产基地和批发贸易中心。

3. 沙缴府经济特区

沙缴府经济特区总面积332平方千米，地处泰-柬边境，距离曼谷260千米，304号公路途经该区域。沙缴府经济特区经柬埔寨的亚兰边境检查站，连接柬埔寨的班迭棉吉省，为泰-柬之间贸易最为繁荣的区域。沙缴府经济特区位处泰国南部经济走廊之上，靠近柬埔寨拉加班港和曼谷港，交通运输便利，拥有诸多国家免税优惠，发展零售产品国际批发贸易潜力巨大。

4. 哒叻府经济特区

哒叻府经济特区的总面积达50.2平方千米，位处泰-柬边境，距离曼谷420千米，7号公路（曼谷—春武里新线）、3号、31号、344号公路通达此处。哒叻府经济特区为泰国中部经东部经济走廊通往柬埔寨门户，并将相连柬埔寨的戈公省经济特区的西哈努克港与泰国的林查班港。该特区已建成部分汽车生产基地、汽车内电线生产厂等。

5. 宋卡府经济特区

宋卡府经济特区面积为552.3平方千米，位处泰国南部泰-马边境，距离曼谷950千米，亚洲2号公路和4号公路途经此地，是泰国南-北经济走廊的南端大门。宋卡府经济特区通过沙道边境站与马来西亚的吉打州和玻璃市相连，橡胶、清真食品、海鲜加工、家居零部件、纺织产品等产业基础较好。

第十一章 中泰经济贸易

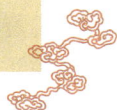

中泰经贸发展历史概况

❀ 一、古代中泰经贸往来

中泰经贸往来历史久远。中泰经贸发展的早期可追溯到泰国史前至素可泰王朝时期。中国的古籍记载，在今泰国境内存在着大大小小的城邦。可以推断，在泰国的史前时期，中泰间就存在着文化交流。此外，广泛存在于东南亚各国的铜鼓文化圈，也可在侧面证明在泰国史前时期，存在着自铜鼓发源地向泰国北部和东北部的人员流动和文化经济传播的现象。

泰国素可泰王朝时期，含今斜仔岛、苏梅岛在内的素叻他尼府和春蓬府已经成为古代重要的商贸城市，来自中国的商船须途经此地前往印度。公元前1—5年，汉朝使节乘船自广东经越南、柬埔寨进入暹罗湾，在斜仔岛登陆并步行越过马来半岛克拉地峡，再乘船前往印度。盘盘国时期（位于现泰国南部），据中国古籍记载，从5世纪初叶盘盘国就与中国建立起朝贡关系，一直维系至7世纪唐贞观年间盘盘国消亡为止。424—464年，盘盘国曾派遣使节访问中国南北朝时期南朝刘宋政权，并在527年、529年和534年三次遣史前往中国梁朝，送来象牙、宝塔和香料等礼物。唐贞观年间，也曾有盘盘国遣史来华的记载。堕罗钵底国（今泰国佛统府一带）时期，据唐朝玄奘法师和义经法师赴印度求佛法途中所见著录的《大唐西域记》和《南海寄归内法转》相关典籍记载，堕罗钵底国已成为连接中国与古印度的交汇点。中国南方在隋朝（581—618年）就已经有人到达堕罗钵底国。唐贞观年间，堕罗钵底国也曾遣史来华。

素可泰王朝时期，素可泰王朝积极与中国发展关系。据《元史》记载，1238—1323年，素可泰王朝共向中国遣史7次，并与元朝建立起朝贡式贸易关系。

阿瑜陀耶王朝时期是泰国史上泰国与中国交往最为频繁的时期。阿瑜陀耶王朝于1350年建立。1368年中国明朝统一中国后，与阿瑜陀耶王朝间保持"朝贡"和"抚谕"关系。据《明实录》和《明史》记载，在明朝存在的276年里，暹罗来华朝贡110次，明朝遣史到暹罗19次。明朝政府除了"赏赐"来华贡使大量礼品外，还准许贡使带来的礼物在华出售，免于抽税。暹罗带来的礼物包括大象、象牙、苏木、降香、罗斛香、胡椒、鹦鹉、孔雀、硫黄、黄蜡、白蜡、可魏、紫梗、藤竭、藤黄、没药、乌爹尼、肉豆蔻、白豆蔻、大枫子、芯布、油红布等，为暹罗带来了很大的经济利益。清朝年间，除维持原先的朝贡关系外，中暹之前又开启了繁荣的大米贸易。清政府要求暹罗政府运送大米至广东、福建和宁波等地供中国商民出售，给予免税待遇。1777年，吞武里王朝保持与中国的官方交往关系。曼谷王朝建立后，虽然明末清初中国实行"海禁"的影响犹存，拉玛二世王积极与清政府恢复"朝贡"贸易关系，其在朝贡中赚取的利润高达300%，拉玛二世时期暹罗86%的对外贸易商品销往中国。随着中国"海禁"政策的解除，中泰民间商贸往来也随之密切起来。1840年鸦片战争爆发，清朝逐步走向灭亡。中暹官方经济交往于1878年中断。

明末清初，大批中国商人、明军残余势力和破产农民、手工业者移居海外。泰国是移民高潮中华人重要的转移地。仅1900—1906年，中国内陆就有24万潮州人迁徙至泰国境内，中国劳工的迁入为泰国的经济发展提供了大量的劳动力。

二、近现代中泰经贸往来

进入近现代以后，中泰关系跌入低谷。尤其在第二次世界大战期间，泰国军政府的亲日政策，导致中泰关系空前紧张。新中国成立初期，受困于中泰意识形态和外交关系的尖锐对立，中泰两国关系曾相互疏离长达20年。从1949年中华人民共和国成立，直到1975年两国正式建立外交关系，中泰之间经贸往来尤其是官方间的经贸往来极少，仅有少量的民间贸易往来。1953年朝鲜战争结束后，中泰贸易关系有所缓和。1955年印尼万隆会议期间，时任中国国务院总理、外交部部长的周恩来与泰国外交部部长旺·威泰耶康亲王进行了亲切会晤，并交换了意见，使得中泰关系得到稍许改善，两国贸易关系重新上升。中泰贸易总额从1955年的57万美元上升至1958年的995万美元。1957年9月，泰国发生军事政变，泰国陆军司令兼国防部部长沙立上将推翻銮披汶·颂堪政府，并放弃对华缓和政策。1959年1月，沙立政府颁布《革命团第53号法令》，禁止泰国进口中国大陆产品。中泰贸易额急剧下跌。随后受60年代印度支那战争、越南战争的影响，1963—1973年中泰两国间的贸易往来完全中断。

1974年12月6日，泰国立法议会通过了废除禁止与中国进行贸易交往的第53号法案。1975年6月30日，泰国总理克立·巴莫应邀访问中国。同年7月1日，中泰两国建交联合公报在北京签字，从此中泰两国正式建交。1976年，中泰贸易额突增至1.056 3亿美元，较1974年扩大了30倍。20世纪70年代中期，中国从泰国进口的商品种类不多，主要以大米和橡胶为主，其中大米占总额的42.2%，橡胶占总额的55.8%。20世纪70年代末至80年代，大米、橡胶、玉米和糖成为泰国向中国出口的四大商品，其总额占泰国向中国出口贸易总额的70%以上。中国向泰国出口的商品，在1985年以前，主要是石油及石油制品。1995年以后，中国向泰国出口的商品除石油外，还有钢铁、化工原料、机械设备、电器器材、金属制品等。1987—1996年是中泰经济贸易关系飞速发展的时期。尤其在1991—1996年这段时间里，泰国对华投资逐年增加。1990年，两国的贸易总额突破10亿美元大关。1994年，中国成为泰国第十大贸易伙伴国，贸易总额占泰国对外贸易额的2.3%。1995年，中泰贸易总额达到336.251万美元。1997年，泰国爆发金融危机，泰国在华投资开始大幅萎缩。由于在此之前，泰国在华投资多为分散式或平行型的投资方式，并未建立成较为完整的企业体系，故而当遭受金融危机冲击时，大量在华投资资本撤离并返回泰国。直至2001年，泰国对华投资额才基本恢复至1997年水平。2002年后，泰国受经济危机、国内经济政策、政治因素等多重影响，泰商对外投资积极性受到严重打击。在对华投资方面，泰国对华投资额总体是逐年下降的，未能超过2001年的水平。截至2012年年底，泰国在华投资项目4 117项，实际投资额为34.7亿美元。2001年，中国成为世界贸易组织成员国，中泰贸易障碍减少，贸易关系得到更为快速的发展。2003年，中泰两国签署了《关于在（中国-东盟全面经济合作框架协议）"早期收获方案"下加速取消关税的协议》，决定对188种蔬果提前实现零关税。2010年，中国-东盟自由贸易区正式建立。

第二节　　中泰贸易现状

2000年后，中国-东盟自贸区建设加快推进，直至建成的过程中，中泰经贸交流与合作在《中国与东盟全面经济合作框架协议》《中泰关于21世纪合作计划的联合声明》《中国-东盟全面经济合作框架协议贸易协定》《中泰关于铁路合作的谅解备忘录》《中泰农贸产品合作谅解备忘录》《中泰果蔬零关税协议》《中泰建立人民币清算安排合作备忘录》等一系列文件的指引下，逐渐走向繁荣。

2000年11月，朱镕基总理在新加坡举行的第四次中国-东盟领导人会议上，首次提出建立中国-东盟自由贸易区的构想。2001年3月，中国-东盟经济合作专家组在中国-东盟经济贸易合作联合委员会框架下正式成立。2002年11月，第六次中国-东盟领导人会议在柬埔寨首都金边举行，朱镕基总理和东盟10国领导人共同签署《中国与东盟全面经济合作框架协议》，决定到2010年建成中国-东盟自由贸易区。这标志着中国-东盟建立自由贸易区的进程正式启动。2004年1月1日，中国-东盟自由贸易区早期收获计划实施，下调农产品的关税。到2006年，约600项农产品的关税降为零。2004年年底，《货物贸易协议》和《争端解决机制协议》的签署，标志自贸区建设进入实质性执行阶段。2005年7月20日，《货物贸易协议》降税计划开始实施，7 000种产品降低关税。2009年8月15日，《中国-东盟自由贸易区投资协议》的签署标志主要谈判结束。2010年1月1日，拥有19亿人口、GDP接近6万亿美元、发展中国家间最大的自由贸易区——中国-

东盟自由贸易区正式建立。

中国–东盟自由贸易区，是由中国与东盟十国共同建立的区域性自由贸易区。自贸区成立以来，逐渐形成中国与东盟全方位、多领域、深层次的合作新格局，并在贸易、投资、互联互通、安全、服务、文化、科技等领域开展广泛合作。其中作为中国–东盟自贸区法律基础性文件的《中国与东盟全面经济合作框架协议》，在打造中国–东盟自贸区的整体规划上起到了关键性的作用。根据《中国与东盟全面经济合作框架协议》，中国–东盟自贸区包括货物贸易、服务贸易、投资和经济合作等内容。其中货物贸易是自贸区的核心内容，除涉及国家安全、人类健康、公共道德、文化艺术保护等WTO允许例外的产品以及少数敏感产品外，其他全部产品的关税和贸易限制措施都应逐步取消。由此，中国与泰国间的绝大多数产品将实行零关税，取消非关税措施，双方的贸易将实现自由化。

2015年泰国政府提出未来重点发展的十大产业，近期又重点提出发展"东部经济走廊"等战略。中国在汽车制造、农业技术、食品加工、航空物流、数字经济等方面具有较大的优势，在旅游方面是泰国最大的游客来源国，在其他方面与泰国发展方向吻合，因此泰国"十大重点产业"等战略的提出对中泰深化经济合作具有较大的正面意义，可与"一带一路"倡议和国际产能合作战略进行有效对接。在泰国对华投资贸易中，广东省与泰国交往居全国前列，曾一度高达中泰贸易总额的50%，近年来这占比有所下降。2007年粤泰贸易总额突破100亿美元，2013年达201.862 3亿美元，2014年粤泰间进出口总额为211.93亿美元。从贸易平衡上看，广东与泰国的贸易基本上处于逆差状态。

❖ 一、双边贸易

据泰国海关统计，2018年泰国与中国双边货物进出口额为799.3亿美元，比上年增长7.8%。其中，泰国对中国出口297亿美元，比上年增长1%，占泰国出口总额的11.9%；泰国自中国进口502.3亿美元，比上年增长12.3%，占泰国进口总额的20%。

据中国海关统计，2017年，中泰贸易总额为802.9亿美元，比上年增长6.0%。中国向泰国出口387.1亿美元，比上年增长4.1%，中国从泰国进口 415.8 亿美元，比上年增长 7.9%，中方贸易逆差 28.7 亿美元。

2017 年，中国对泰国出口商品主要类别包括：①电气设备、音响设备、电视设备等；②锅炉等整机及其零部件；③钢材；④塑料及其制品；⑤光学、医学或外科仪器等；⑥汽车及其零部件；⑦化工制品；⑧有机化学品；⑨钢铁制品；⑩家具及家居用品。据中国海关统计，2017 年中国从泰国进口商品主要类别包括：①电气设备、音响设备、电视设备等；②锅炉等整机及其零部件；③橡胶及其制品；④塑料及其制品；⑤光学、医学或外科仪器等；⑥木材、木制品及木炭；⑦有机化学品；⑧矿物燃料、石油、矿物蜡等；⑨食用水果和坚果，柑橘类水果或瓜类；⑩汽车及其零部件。

❖ 二、双向投资

近年来中国在泰投资额出现明显增长。当前中国在泰国的投资产业主要为国际总部和国际贸易中心、旅游及相关产业、数码及软件、高附加值的天然橡胶加工产品、汽车及其零配件、机械设备及其配件、医疗设备及其配件、火车或电气火车或其设备。中国对泰国工业制造业可开拓的广大市场的前景充满信心。

据中国商务部统计，2017 年中国对泰国直接投资流量 10.58 亿美元；截至 2017 年末，中国对泰国直接投资存量 53.58 亿美元。2017年，泰国企业对中国投资流量 1.10 亿美元，同比增长 96.3%；截至 2017 年末，泰国企业累计对华直接投资 42.24 亿美元。

（1）2008—2016 年（1—9 月）中国申请投资和获准项目情况

从 2008—2016 年（1—9 月）中国向泰国申请投资项目情况来看，中国向泰国申请的投资金额呈现波动性向上发展。这表明中国资本对投资泰国仍然存在着较大的起伏性，但总体向积极的投资状况发展。随着更多有实力的中国企业和项目申请进入泰国，泰国政府对中国资本的批准额度也在不断加大。此外，伴随着中国"一带一路"倡议的推进，在 2016 年中国申请进入泰国的投资金额和已获准进入的投资金额均出现了大幅增长。

其中，2011—2017 年，在泰国促进投资委员会批准中国的项目中排名前 7 位的分别是金属产品及机械设备 20.06 亿美元，电子电器产品

6.74亿美元，矿产及陶瓷产品5.25亿美元，农产品4.96亿美元，服务业3.13万美元，化工产品及造纸业2.95万美元，轻工及纺织业0.819亿美元。

（2）2008—2016年（1—9月）中国在泰投资项目规模情况

根据中国向泰国申请投资项目、投资金额规模及投资类型分析，2008—2014年中国投资规模总体呈现两个方面特点。一是在2008—2014年，投资金额小于5 000万泰铢的投资项目占比最大，申请项目最多。二是投资金额在1亿～4.99亿泰铢的投资项目数额呈现出明显的增加趋势。此外，2016年（1—9月），在外国投资金额大于10亿泰铢的49个获泰国政府批准的投资项目中，中国项目占了7个。

❀ 三、劳务承包

受泰国政局波动影响，2014年中国企业在泰国开展业务步伐放缓。2015—2017年，泰国政局趋稳，政府实施一系列经济刺激措施，基础设施建设需求增大，与此同时中国企业加大市场开拓力度，取得明显成效，新签合同额和完成营业额均取得大幅增长。据中国商务部统计，2017年中国企业在泰国新签承包工程额37.26亿美元，完成营业额33.84亿美元；当年派出各类劳务人员1 689人，年末在泰国劳务人员3 405人。2017年新签六型工程承包项目包括中国能源建设股份有限公司承建泰国Agro-Solar 5 MW光伏项目群；中国铁建国际集团有限公司承建泰国曼谷The One公寓项目；中铁十局集团有限公司承建大湄公河次区域高速公路扩建项目2阶段等。中国企业在泰国的重要业务领域包括通信工程、电力工程和城市轨道交通建设，华为、中兴、中国建筑、中国电建、中国港湾等多家企业都在泰国承包工程市场占有一席之地。

第三节　中泰贸易协定与保护政策

❀ 一、中泰贸易协定

中泰两国政府于1978年签订贸易协定，1985年签订《关于成立中泰经济联合合作委员会协定》和《关于促进保护投资的协定》，1986年签订《关于避免双重征税的协定》，2003年签订《中泰两国政府关于成立贸易、投资和经济合作联合委员会的协定》。2012年4月中国和泰国在北京签署了涉及经贸、农产品、防洪抗旱、铁路发展、自然资源保护等领域的7项双边合作文件。中国国务院时任总理温家宝和泰国时任总理英拉·西那瓦共同出席了签字仪式。2013年10月11日，中国和泰国在曼谷发表《中泰关系发展远景规划》。2014年12月19日，中国总理李克强访问泰国期间，与泰国总理巴育共同见证签署了《中泰农产品贸易合作谅解备忘录》。2018年6月，在第六次中泰经贸联委会上，两国签署《关于泰国输华冷冻禽肉及其副产品的检验检疫和兽医卫生要求协定书》。

❖ 二、中国企业在泰国投资合作保护政策

1985年3月12日，中泰两国政府在曼谷签署了《中华人民共和国政府和泰王国政府关于促进和保护投资的协定》。1986年10月27日，中泰两国政府签署了《关于避免双重征税和防止偷漏税的协定》。1994年3月16日，中泰两国政府签署了《关于民商事司法协助和仲裁合作的协定》。2000年3月10日，中泰两国政府在北京签署了《中华人民共和国政府和泰王国关于中国加入世界贸易组织的双边协议》，协议附件中列出了中国给予泰国的货物贸易和服务贸易减让表。2012年4月，中泰两国政府在北京签署了《中华人民共和国和泰王国经贸合作五年发展规划》。2013年10月，中泰两国政府签署了《中泰关系发展远景规划》。

第十二章 中泰经济贸易发展的重要门户——工业园区

第一节 泰国工业园区概况

工业园区是泰国在发展对外经济贸易中的重要组成部分，早在20世纪60年代初期，泰国工业园区就已初现雏形，并对带动泰国工业发展起到了十分积极的推动作用。目前，泰国境内的工业园区共有50余家，多分布于曼谷附近及东部沿海地区。早期的泰国工业园区分布高度集中于曼谷市及周边城镇，20世纪70年代末至80年代初，才逐渐向内地延伸。20世纪90年代，泰国已建成挽仓工业园区、叻甲邦工业园区、挽浦工业园区、挽霹雳工业园区、南奔工业园区等。经过几十年的发展，泰国工业园区建设已形成较大规模，并成为泰国工业发展的主要承载模式。泰国工业园区管理局数据统计显示，截至2018年，泰国成立的各类工业园区共计53个。

泰国的工业园区既有国营，也有民营，主要分为3种类型，第一类是一般工业园区，第二类是出口加工区，第三类是自由贸易区。其中绝大部分是一般工业园区和出口加工区，有的工业园区既是一般工业区，同时又是出口加工区，而自由贸易区的数量则很少。泰国工业部设有工业园区管理局。工业园区管理局成立于1979年，主要职能包括对工业园区的设立履行审批；对工业园区的建设、配套设施的完善、土地分配等实施管理；对工业园区土地使用、园区经营、税收优惠、工作许可和外籍劳工等提供相关服务，赋予在工业园区投资设厂的企业除泰国投资促进委员会优惠待遇之外的优惠待遇。

2007年，工业园区管理局第四次修改《工业园区机构条例》，以提高工业园内投资者的竞争能力。根据《工业园区机构条例》，泰国的工业园区分为两类：一般工业园区和自由经营区（原出口加工区）。在一般工业园区投资的外国投资者，不必向泰国投资促进委员会提交申请，就可以获得工业园区内的土地所有权和引进外国技术人员、专家来泰国工作的权利。同时，修订后的《工业园区机构条例》对在工业园区自由经营区投资设厂的企业提供比原先更为优惠的待遇，除了可享受一般工业园区的待遇外，在无须规定产品出口比例的情况下即可享受更多的税收优惠和便利待遇，包括进口或进入自由经营区用于生产、贸易或服务的原料、机器设备及其零部件、商品，可免征进出口关税、增值税和消费税，且不限于自用；运出自由经营区的商品即使内销也不需要补缴被减免的原料和零部件进口关税；对于运入自由经营区用于制造、混合、组装、包装或其他作业来生产出口商品的产品或原料，无须根据其他法律（海关法除外）规定申请或持有进口许可证、通过质量检验或达到标准或加盖任何印章或标记。

第二节　　中泰合作工业园区

泰国工业园区内大多加工生产企业来自欧美和日本资本投资。近年来随着中国经济快速发展，国际市场开拓能力稳步提升，中国企业向东南亚市场的跨国投资不断增强。中国已有两家中资企业与泰国当地企业合作参与了两个工业园区建设，即泰中罗勇工业园区和泰国湖南工业园区，并采取"园中园"模式开发和经营。

一、泰中罗勇工业园区

泰中罗勇工业园区位于泰国东部罗勇府安美达工业城内（园中园），距离曼谷114千米，距离素万那普国际机场99千米，距离林查班深水港27千米，距离春武里安美达城53千米，距离罗勇市53千米，距离帕塔亚市36千米。其总体规划面积12平方千米，其中一期规划占地1.5平方千米，二期规划占地2.5平方千米，三期占地8平方千米。其目标在于打造一个集合制造、仓储物流、转口贸易和商业生活区为一体的现代化综合园区，主要吸引汽配、机械、家电等中国企业入园设厂。

2005年7月1日，在泰国时任总理他信和中国国务院副总理回良玉的见证下，中国华立集团与泰国安美达集团签署了合作开发"泰国工业园区"的备忘录。其中泰国安美达集团负责泰国当地的资源及政府对接，中国华立集团负责招商及企业运营。2006年双方合资成立了泰中罗勇工业园区开发有限公司，具体负责园区的开发。泰中罗勇工业园区开发有限公司已被中国政府认定为首批"境外经济贸易合作园区"——中国传统优势产业在泰国的产业集群中心与制造出口基地，最终形成制造、会展、物流和商业生活区于一体的现代化综合园区。2007年，泰中罗勇工业园区迎来了第一批入驻的中国企业。泰中罗勇工业园区入驻的企业已有105家，其中浙江企业25家，包括富通集团、中策橡胶、三花控股等知名浙企，园区也成为我国在东南亚地区最大的产业集聚平台。除了浙江企业，落户工业园区的企业还有来自江苏、广东、山东、河南等国内22个省（市、区）的企业，如江苏企业有16家，广东企业有10家，山东企业有9家。105家企业中，民营上市企业有32家，国有上市企业有5家。

🌸 二、泰国湖南工业园区

泰国湖南工业园是在湖南省政府和省商务厅的大力支持下，由湖南邵东隆源集团牵头，与泰国甲民武里工业城合作开发的，是经湖南省商务厅核准的"首个境外工业园"，也是一个集制造、会展、物流和商业生活于一体的现代化综合园。

泰国湖南工业园区位于泰国东部巴真府甲民武里镇区，距曼谷市中心150千米。2009年4月，工业园区正式启动。2010年1月8日，泰国湖南工业园区首期建成并开园，湖南万事达工贸有限公司、邵阳市湘中制药有限公司、邵阳市恒远资江水电设备有限公司、湖南鸿冠集团、湖南九龙商贸有限公司、湖南振宏矿业有限公司、娄底弗世德工贸有限公司、娄底聚源商贸进出口有限公司等一批企业入园。工业园区总开发面积为3平方千米，分两期开发，第一期开发1平方千米，土地已平整完成，水电、公路通信等基础设施都已具备，并已获得泰国投资局的政策优惠，整个园区按照五大区进行规划布局，分别是：纺织服装工业园区、家电电子工业园区、轻工机械制造园区、建材冶金工业园区、生活配套设施区。

❀ 三、中泰崇左工业园区

中国广西崇左市政府与泰国城乡发展基金会于2012年9月23日在广西南宁签署了共建中泰崇左工业园区的合作协议，确定了共建崇左产业园区的意向。2014年9月2日在第十一届"中国-东盟博览会"期间，崇左市与泰国那空拍侬府、泰国城乡发展基金会、泰国工业园区发展商以及联盟协会共同签署了促进中泰崇左产业园区项目合作建设的框架协议。2015年9月18日，崇左市人民政府与泰国两仪糖业集团在南宁举行座谈会暨签约仪式，双方提出合作建设中泰崇左产业园区的建议。会后，崇左市人民政府与泰国两仪糖业集团签署了《中泰崇左产业园区合作建设框架协议》。

中泰崇左产业园区的规划与建设是加快广西北部湾经济区开发和推进中国-东盟开放合作发展的重要举措，园区范围西起钦州至那坡高速公路，东至响水河，北起湘桂铁路，南至南友高速公路，规划占地面积约为50平方千米。2017年3月，崇左市在工业园区的基础上规划建设高新区，并建设高科技创新孵化区，打造科技企业孵化器和研发总部基地，通过技术创新乃至北部湾经济区产业转型升级；建设高新技术产业化中心，吸引泰国和东盟高端成熟技术人员进行快速产业化，打造一批行业龙头企业。在南宁举行的中国-东盟国际产能合作中泰友好园区联合推介会上，中泰崇左产业园区管委会负责人表示，为补齐当地工业短板，产业园区将重点规划和打造六个超百亿元产业基地，包括东盟特色食品产业基地、新能源动力产业基地、新型材料产业基地、蔗糖循环产业基地、泛家居产业基地、泰国风格旅居服务产业基地。

据崇左市城市工业园区管理委员会公布的《广西中泰崇左产业园区总体规划（2013—2030）》，中泰（崇左）产业园区以中泰合作示范城、中国东盟食品城、崇左活力新副城、陆路东盟新枢纽为发展目标，着力打造"陆路东盟新高地""中泰合作示范区"。产业园区规划以食品制造、国际商贸物流、家居轻纺、材料电子、跨境电子商务为主导产业，以机电一体化、休闲旅游业、技术研发与孵化为"潜导产业"，构建"两城七区"。其中，"两城"是指国际食品城和家居轻工城；"七区"是指金凤湖商务休闲中心区、东盟特色食品产业区、材料及新材料产业区、国际商贸物流服务区、濑湍现代生活服务区、家居产业区和特色资源生态加工产业区。

第十三章　中泰经济贸易发展中的中泰企业

中泰经贸发展中，中泰企业作为活跃在经贸领域的因子，推动着中泰贸易快速发展。受1997年金融危机的波及，泰国对华投资依旧不高，在华活动的泰国企业以在泰国实力雄厚的家族企业为主。在中国加入WTO、中国-东盟自由贸易区正式建立、"一带一路"建设等条件的推进下，越来越多的中国企业走出国门。泰国作为东南亚第二大经济实体，也成为中国企业走向国际的重要海外市场之一。

第一节　在泰国的部分中资企业简介

一、中国银行（泰国）股份有限公司

中国银行（泰国）股份有限公司（以下简称"中银泰国"）是中国银行（香港）有限公司（以下简称"中银香港"）的全资子公司。中银香港是香港主要商业银行集团之一，各项主要业务位居市场前列，在香港拥有最庞大的分行网络及多元化的服务渠道。

泰国是中国银行在东盟地区战略发展的重要区域之一。作为第一家进入泰国市场的中资银行，中国银行最早于1994年2月21日成立曼谷离岸业务机构。1997年3月10日离岸业务机构升格为分行，并以中国银行曼谷分行的名义经营全面商业银行业务。2014年8月26日，中国银行曼谷分行转为中国银行（泰国）股份有限公司，成为中国银行的全资附属机构。2017年1月9日，随着中国银行集团在东盟地区的

资产重组，中银泰国正式成为中银香港的一员。

中银泰国已根植泰国20多年，利用中国银行集团庞大的客户资源及多元化的金融产品服务平台，积极发挥优势，以"走出去"企业、人民币国际化、华人华侨业务等重点领域为依托，加强对企业、金融机构及个人客户的服务，为中泰两国经贸往来及泰国经济建设提供金融服务与支持。中银泰国秉承中国银行集团及中银香港的经营理念，积极承担社会责任，努力做泰国本土主流银行，已在泰国建设有曼谷中国银行分行、清迈分行、呵叻分行、拉察达分行、罗勇分行、达拉泰分行、邦纳分行、孔敬分行、合艾分行。

二、中国工商银行（泰国）股份有限公司

中国工商银行（泰国）股份有限公司（以下简称"工银泰国"），前身为泰国ACL银行。ACL银行成立于1969年8月22日，1973年取得泰国财政部颁发的金融证券类业务经营许可，更名为"亚洲信贷金融证券有限公司"。2005年12月23日，该公司获得由泰国财政部颁发的商业银行通用经营许可，更名为"ACL银行股份有限公司"。2010年4月21日，中国工商银行成为ACL银行最大的股东，并于2010年7月8日将ACL银行更名为"中国工商银行（泰国）股份有限公司"，正式进入泰国市场。

更名后的工银泰国完全承接了原ACL银行的客户、资产和业务，成为泰国的一家全国性商业银行。工银泰国的总部位于泰国首都曼谷，在泰国共拥有19家分行，其中在曼谷有8家，其余的分行分布在清迈、普吉、孔敬、罗勇、合艾等11个主要城市。工银泰国拥有综合经营牌照，可以为公司、个人和机构客户提供包括存贷款、结算、贸易融资、租赁、投资银行和证券业务在内的全方位金融服务。此外，工银泰国旗下还拥有一家经营租赁业务的子公司和一家联营的上市证券公司。

三、海尔（泰国）电器有限公司

在东南亚市场，海尔2009年开始和三洋合作，率先形成了4个工厂、6个贸易公司的网点布局。2011年，海尔收购三洋东南亚等白色家电业务，整合其优质资源，为东南亚地区的用户提供本地化产品和

服务。现在，海尔已在泰国实现冰箱、冷柜和洗衣机等多家工厂的本地化生产，除满足泰国本土需求外，还出口到马来西亚、菲律宾等其他东南亚国家，并销往中东、非洲、澳洲、南美等多个地区。

　　坐落于泰国巴真武里府甲民武里工业区的海尔泰国电器有限公司（简称HTC），是海尔集团在东南亚地区最大规模的白色家电制造、开发、销售三位一体基地，其前身为三洋电机株式会社（简称SUE）。HTC占地面积27.8万平方米，现有员工约2 500人，产品以冰箱为主，涵盖洗衣机、空调、冷柜，年总体生产能力157万台，其中：冰箱年生产能力120万台，洗衣机15万台，空调20万套，冷柜2万台。HTC产品已经辐射东盟、澳洲、日本、中东、非洲、欧洲、南美各地。海尔自正式并购以来，通过整合资源，研究挖掘当地以及海外市场消费者的习惯及需求，结合自身的技术优势，及时对产品平台进行持续升级，截至2013年，共计完成了20多个产品平台的改造与升级，不断满足消费者日益变化的需求，不断开发市场、开发用户。

❖ 四、泰国长春置地有限公司

　　泰国长春置地有限公司成立于1989年，主要业务为开发、经营位于曼谷商业中心区的大型综合商业广场——长春广场。泰国长春置地有限公司负责经营和管理华润（集团）有限公司最大规模的海外地产投资项目——曼谷长春广场。长春广场是曼谷最大的综合性地产项目之一，总占地面积为38.9万平方米，包括华润大厦、资本大厦和明泰大厦三座甲级写字楼，还有希尔顿酒店管理集团顶级品牌康莱德酒店(含酒店式公寓)，以及零售商场和高级住宅公寓。长春广场吸引了一大批包括通用电气公司、微软、宝马等在内的国际知名企业及社会各界精英进驻或下榻，已经成为曼谷的地标性商业中心。

<table>
<tr><td>第二节</td><td>在中国的部分泰资企业简介</td></tr>
</table>

一、泰国正大集团

正大集团由泰籍华人谢氏兄弟（谢易初和谢少飞）创办于1921年，总部位于泰国曼谷。其主要子公司下属400多家公司，包括：正大饲料、正大食品、正大天晴药业股份有限公司、山东正大福瑞达制药有限公司、杭州正大青春宝药业有限公司、大阳摩托、易初莲花超市有限公司、泰国7-11便利店、正大广场、上海正大综艺电视制作有限公司、卜蜂莲花等。正大集团是泰籍华人创办的知名跨国企业，在中国以外称作卜蜂集团。正大集团是一家以农牧食品、商业零售、电信三大事业为核心，同时涉足金融、地产、制药、机械加工等10多个行业领域的多元化跨国集团公司，业务遍及100多个国家和地区，员工总数35万人，2018年集团全球销售总额约620亿美元。

作为中国改革开放后第一家在华投资的外商企业，40多年来，正大集团秉承"利国、利民、利企业"的经营宗旨，积极投身于中国改革开放事业，并不断加大在华投资力度。除了产业投资外，正大集团也特别注重参与社会公益事业。其先后捐资数十亿元用于支持社会公益事业，这些资助涵盖了教育、科研、文化、医疗卫生以及环境保护等领域。

二、诗董橡胶股份有限公司

诗董橡胶股份有限公司成立于1987年，是在泰国和新加坡证券交易所均挂牌上市的公司，员工总数超11 000余人，核心业务以天然橡胶为主，是全球最大的天然橡胶生产商和出口商之一，也是泰国橡胶业的领军企业。集团旗下拥有23家工厂，天然橡胶年生产能力达120万吨，公司主营业务包括初级橡胶原料、终端橡胶产品、国际橡胶贸易、配套及物流服务。由于中国已成为世界上橡胶消费量最大的国家，诗董橡胶（上海）有限公司致力于开拓中国市场，已在中国上海设立公司，在青岛设立办事处。

三、尚泰集团

泰国尚泰集团由郑氏华裔家族创立于1947年，是东南亚地区最成功的多元化公司之一，主营现代零售和酒店业，同时包括商业房地产和品牌营销制造业。该集团拥有16家大型商业购物中心、36家百货公司、600多家各类零售店、15家五星级宾馆、度假村及120多个经营品牌。该集团自2007年起进入中国市场，已经分别在杭州和沈阳各开设了尚泰百货。

2018年尚泰集团还与中国电子商务巨头京东建立了一个总投资175亿泰铢的合资企业JD Central。全新的线上平台JD.co.th将为尚泰集团顾客提供一个新的购物渠道，使他们可以更快速、更全面地享受尚泰集团提供的数字平台服务。网站JD.th.com在2018年5月提供服务，成为泰国产品和中小企业走向世界的平台。京东将为合资公司的电商部分提供全方位涵盖电商管理和物流的技术支持。而金融部分，京东金融则将基于其在中国市场构建的金融科技服务的经验和技术，提供诸如人工智能、云计算等支持。在获取相关牌照资质后，合资公司还将提供电子钱包、消费金融等产品和服务。而尚泰集团则通过其丰富的线下消费场景来提供全渠道服务——实体商店网络、丰富的品牌关系和商家资源，以及由会员计划带来的零售行为洞察能力和一定的客户忠诚度。

四、泰国万浦集团

泰国万浦集团是泰国最大的煤矿公司，成立于1983年。2001年以来，万浦集团致力于成为亚太地区以煤炭为主导的领先能源企业，同时也开始开发国外项目，尤其在印尼和中国。万浦集团在华分别持有山西大宁煤矿56%的股份、河南鹤壁煤矿40%的股份，经营3个热电联合燃煤电厂。2009年公司总收入为19.26亿美元，总资产33.75亿美元。

参考文献

[1]　曹云华. 东南亚国家联盟结构、运作与对外关系. 北京:中国经济出版社,2011.

[2]　常翔,张锡镇. 新宪法出台与泰国政治走向分析. 东南亚研究,2017(3):6.

[3]　陈晖,熊韬,聂雯. 泰国文化概论. 广州:世界图书出版广东有限公司,2014.

[4]　陈蓝荪. 泰国渔业与中泰水产品贸易发展特征研究(中). 科学养鱼,2015(5):7-9.

[5]　陈元中. 东南亚政治制度. 桂林:广西师范大学出版社,2012.

[6]　程多佳. 泰国传统音乐的发展历程及其乐器简介. 黄河之声,2015(14):85-86.

[7]　邓洲. 泰国产业竞争力现状及中国与泰国贸易拓展潜力研究. 东南亚纵横,2017(4):50.

[8]　段立生,黄云静,范若兰. 东南亚宗教论集. 曼谷:泰国曼谷大通出版社,2002.

[9]　段立生. 泰国通史. 上海:上海社会科学院出版社,2014.

[10]　范若兰. 东盟十国基本国情及投资风险评估. 北京:中国社会科学出版社,2016.

[11]　龚浩群. 民族国家的历史时间——简析泰国的节日体系. 开放的时代,2005(3):113-126.

[12]　姜雅,袁志洁,曹瑞欣. 泰国国土资源管理及矿业政策概况. 中国金属通报,2010(35):36-37.

[13] 姜永仁,傅增有. 东南亚宗教与社会. 国际文化出版公司,2012.

[14] 解光穆. 文学起源新论. 甘肃社会科学,2002(4):42-44.

[15] 李延凌,罗桂友,陈文著. 战后东南亚政治与经济研究. 南宁:广西人民出版社,1997.

[16] 李滋仁. 泰国经济社会发展计划. 南洋问题研究,1992(2):101-109.

[17] 庞海红. 泰国民族国家的形成及其民族整合进程. 北京:民族出版社,2012.

[18] 田禾,周方冶. 列国志·泰国. 北京:社会科学文献出版社,2010.

[19] 涂俊. 泰国创新政策与国家创新系统转型. 亚太经济,2006(1):48-51.

[20] 魏达志. 东盟十国经济发展史. 深圳:海天出版社,2010.

[21] 吴虚领. 东南亚美术. 北京:中国人民大学出版社,2010.

[22] 尹湘玲. 东南亚文学史概论. 广州:世界图书出版广东有限公司,2011.

[23] 钟智翔,陈扬. 东南亚国家军事地理. 北京:军事谊文出版社,2009.

[24] 邹春萌,罗圣荣. 泰国经济社会地理. 广州:世界图书出版广东有限公司,2014.